W0411958

Das große Buch der Volkstrachten

Alle Rechte vorbehalten
© 1977 Rheingauer Verlagsgesellschaft m.b.H.
Eltville am Rhein
Reproduktionen von Schwitter AG, Basel
Gesamtherstellung: Prosveta Belgrad/GZH, Zagreb
ISBN 3 88102 012 8

Einführung von Hans H. Hofstätter

Der Bauer und sein Kleid

Die Neuauflage eines Trachtenbuches aus dem Ende des vergangenen Jahrhunderts in unserer Zeit hat etwas Symptomatisches. Wir entdecken heute die Volkskunst, das Brauchtum ebenso wie die Sprache, neu, obgleich beides eigentlich immer gegenwärtig war, aber vom Bewußtsein unterschiedlich registriert wurde. Seit dem 19. Jahrhundert war die völkische Eigenart des Brauchtums erforscht worden; die faschistischen Regimes des 20. Jahrhunderts hatten diese zur nationalen Eigenart umstilisiert und das völkische Erbe innerhalb der eigenen Nation als das Gesunde gegenüber andersrassigen, sogenannten Staatsfeinden ausgespielt. Es kam – in vielen Ländern, nicht nur in Deutschland – zu einer „Blut- und Boden"-Ideologie, deren Einseitigkeit den Blick auf echtes Volkstum wieder trübte. Nach dem 2. Weltkrieg, als das faschistische Regime in Deutschland-Österreich entmachtet war, blieb der Blick auf völkische Ursprünge verdächtig; man wehrte sich innerlich dagegen, Zusammenhänge aufzuzeigen, deren Ursprung in einer stammesmäßigen Bindung liegen, auch wenn dieser gar nicht zu verleugnen war. Schuld daran war vielfach auch das „Kunstgewerblertum", das scheinbar an alte Traditionen anknüpfte, diese aber modisch verwässerte.

Dabei haben solche ideologisch einseitigen Strömungen durch propagandistische Maßnahmen manches verdunkelt, was tatsächlich echte Bindungen an die Tradition fruchtbar gemacht hatte. Denn die moderne Kunst des 20. Jahrhunderts entdeckte gerade in der Volkskunst vorausgehender Jahrhunderte Leistungen, welche geeignet waren, aus der kulturellen Manieriertheit der bürgerlichen Ästhetik vor dem 1. Weltkrieg herauszuhelfen. Durchblättert man den Almanach des „Blauen Reiters", den Wassily Kandinsky und Franz Marc 1912 herausgegeben hatten, so findet man neben den modernen Bildern dieser Künstler und ihrer Freunde die Abbildungen bäuerlicher Hinterglasmalereien und Votivtäfelchen, russische Bilderbogen und die volkstümlichen Bildergeschichten aus Epinal neben außereuropäischer Volkskunst. Diese Zusammenstellung geschah in der Absicht, den Begriff Volkskunst neu zu durchdenken und die alten Vorstellungen von einer primitiven Kunst zu revidieren, welche die Volkskunst als bloße „ethnologische Kuriosität" fixiert hatten. Die Unterscheidung zwischen einer hohen Kunst und einer Gebrauchskunst sollte fortan entfallen. Die Herausgeber des Almanachs sahen in diesen Werken die Kraft des Ausdrucks, der, ohne in einen ästhetischen Anspruch eingeengt zu sein, das gemeinte Anliegen klar und in seinen wesentlichen Elementen vor Augen stellte. Die Vereinfachung des Bildes, seine Reduktion auf suggestive Flächigkeit und

klare Umrißführung, der Gebrauch der Farbe nicht als Darstellungsfarbe, sondern als „Wesensfarbe“ (Kandinsky) gab diesen Bildern jene innere Kraft der Überzeugung, welche die jungen Maler auch in ihren Bildern erreichen wollten.
Ähnliche Beziehungen zur Volkskunst lassen sich auch in der Musik beobachten. Schon Antonin Dvořák (1841–1904) hatte sich in seiner Symphonie mit dem Programmtitel „Aus der neuen Welt“ von den Melodien der Indianer und Neger anregen lassen. Auch Claude Debussy (1862–1928) nahm Motive aus der spanischen Folklore und dem Negerjazz in seine Kompositionen auf, und Bela Bartók (1881–1945) bekannte: „Die zwei Quellen meiner Kunst sind die uralte ungarische Bauernmusik, deren Studium mir die Möglichkeit gegeben hat, mich vom Zwange der bisherigen Tonsysteme zu lösen – und die französische Musik (Debussy)“. Als nach dem 2. Weltkrieg die verfemte moderne Kunst wieder ins Blickfeld geriet, wurden auch diese Zusammenhänge erneut gesehen und 1972 in einer großartigen Ausstellung in München unter dem Titel „Weltkulturen und moderne Kunst“ resümiert, die allerdings die Beziehungen zwischen moderner Kunst und europäischer Volkskunst ausklammerte. Dem Weitblick jener Ausstellung die Nahsicht auf europäische Zusammenhänge folgen zu lassen, wäre ein dringender Wunsch, der den Ausstellungsmachern nahegelegt werden sollte.
Unser heutiges Verhältnis zur Volkskunst wird außerdem noch von anderen Faktoren bestimmt. In der modernen Leistungsgesellschaft mit ihren Ansprüchen selbst an das freizeitliche Verhalten der Menschen und den von der Industrie angebotenen Wunscherfüllungen droht das Interesse an der Volkskunst und Volkstracht verloren zu gehen. Die handwerklichen Betriebe auf dem Lande, in denen Trachten hergestellt wurden, sind so gut wie verschwunden und die Trachten selbst sind inzwischen größtenteils auch „aufgetragen“ worden. Die Herstellung eines neuen Trachtenkostüms aber ist heute so kostspielig, daß man für den gleichen Preis eine ganze modische Garderobe zusammenstellen könnte. Wo Volkstrachten in Medien eingesetzt werden, z.B. in Heimatfilmen, Volksbühnen, sogar in der Produktwerbung, ist die Kenntnis der Trachten schon vielfach so verflacht, daß man die Assessoires teilweise verwechselt. So gilt z.B. auch der „Bollenhut“ aus Gutach schlechthin als Kennzeichen der Tracht aus dem Schwarzwald und wird dann mit allen möglichen Kleidungsstücken kombiniert. Um solchen Entstellungen vorzubeugen, sind in fast allen Landesteilen der Bundesrepublik und weitgehendst auch im Ausland Trachtenvereine gegründet worden, die sich jedoch nicht selbst erhalten können, sondern mit Steuergeldern subventioniert werden müssen. Sie pflegen gleichermaßen auch das Brauchtum und – in parallelen Vereinen – die Mundart. In zunehmendem Maße sammeln heute auch die Museen – und nicht nur die ortsgebundenen Heimatmuseen – Materialien zur Volkskunde aus den vielfach in Auflösung oder Umbau-Sanierung befindlichen Bauernhöfen, in denen vieles, heute rationell nicht mehr Brauchbares, achtlos weggegeben wird. Vielfach geraten die Museen dabei gegenüber den nostalgischen Antiquitätensammlern noch ins Hintertreffen, für die alle Objekte aus dem Zusammenhang gerissen, reine Dekorationen ihrer Wohnungen werden. Auch die Stützung des Selbstbewußtseins der Landbevölkerung zu ihrer überlieferten Kultur ist deshalb Aufgabe der genannten Vereine.
Selbstverständlich wird sich mancher die Frage stellen, ob der finanzielle Aufwand sich lohne, mit dem „unbrauchbare“ Gerätschaften angekauft, überteuerte Trachtenkleidung finanziert, ja ganze Bauernhöfe abgetragen und in einem Freilichtmuseum wieder aufgebaut werden. Zur Rechtfertigung braucht man nicht nur auf den Schulunterricht in Heimatkunde verweisen und auf die oben erwähnten Impulse, die von der Volkskunst – ehemals als abgesunkenes Kulturgut charakterisiert – wieder in die lebendige Kultur zurückstrahlen und ihre ständige

Erneuerung mitbewirken. Heute kommt ein wesentlicher politischer Aspekt hinzu, der sich gegenüber der älteren Einschätzung der Volkskunst zunächst wie ein Widerspruch ausnimmt: Der älteren Auffassung nach führte die Betonung der Stammesbindungen zu einem falschen Nationalismus, zu einer Abkapselung der Nationen gegeneinander. Heute bewirkt die Besinnung auf Stammesbeziehungen mehr und mehr das Gegenteil. Symptomatisch dafür haben jüngste politische Ereignisse erkennen lassen, daß die gemeinsame Dialektsprache der Verständigung der Bevölkerung über die Landesgrenzen hinaus förderlich und damit die hohe Politik zu unterwandern imstande ist. Andererseits verlangen immer mehr Volksgruppen in Europa ihre Autonomie gegenüber der alles gleich regelnden, politischen Zentralregierung. Immerhin ist die Demokratisierung Europas so weit fortgeschritten, daß daraus keine Kleinstaaterei mehr entstehen kann, wie zur Zeit der Landesfürstentümer. Vielmehr zeichnet sich darin die Möglichkeit ab, daß die alle Bereiche reglementierenden Staaten durch solche Tendenzen aufgelockert werden und damit auch die Abgrenzungen gegen Nachbarstaaten an Wichtigkeit verlieren. Auf diese Weise wird so von hier aus ein Beitrag zu einem vereinten Europa geleistet, wie er auch von anderer Seite angestrebt wird. Dies mag als Hypothese eingeschätzt werden, aber es ist ein Weg, für den sich auch materielle Zuwendungen zur Pflege des Brauchtums lohnen sollten.

In diesem Buch sind oft auf den Bildern Landleute vornehmlich in ihrer Sonntagstracht zu sehen, an deren Bildwürdigkeit nicht zu zweifeln ist. Dafür spricht nicht zuletzt die Schönheit der Gewänder, die uns heute gerade auch deshalb entzücken, weil sie kostbar sind, in liebevoller Handarbeit hergestellt wurden, während wir uns heute mit Maschinendruck und Manufaktur begnügen müssen. Aber die Tatsache, daß man diese Gewänder heute schätzt, und diese Wertschätzung auch ihren Trägern zubilligt, sollte eine Erinnerung daran wert sein, daß dies nicht immer der Fall war, daß die Bildwürdigkeit des Bauern vielmehr eine sehr wechselvolle und vielfach auch beschämende Geschichte hinter sich hat.

Wenn es nicht die zahlreichen Urkunden und Chroniken aus alter Zeit gäbe, würde uns allein die bildende Kunst lehren, daß der Bauer über Jahrtausende hinweg faktisch der Prototyp des Untertan war. Die ersten Menschen, von denen uns die Bibel berichtet, waren Landarbeiter, Bauern – und auf ihnen lastete von Anfang an ein Fluch. Adam war aus dem Paradies vertrieben worden und mußte die Erde bestellen, die unwirtlich war im Vergleich zu dem Garten, den er sich verscherzt hatte; sein Sohn Abel, der die Früchte seiner Landarbeit Gott darbrachte, wurde vom Bruder ermordet. Die Viehzüchter meldeten ihre Herrschaft über die Bauern an. In ägyptischen Gräbern des 2. Jahrhunderts v. Chr. finden wir an den Wänden die ältesten Darstellungen mit arbeitenden Bauern; ebenso wie der Gott-König oder der hohe Beamte in seiner beherrschenden Stellung in diesen Gräbern „verewigt" ist, ist es auch der Bauer – als ein Beherrschter, ein Arbeitsknecht. Wenn man diese Bilder sieht, möchte man nicht glauben, daß es auch einmal eine Freizeit für ihn gegeben hätte, oder daß er überhaupt ein individuelles Schicksal gehabt hätte. Keiner unterscheidet sich vom anderen, höchstens dadurch, daß ihm eine andere Verrichtung zugeordnet ist. So wie der Begrabene beim ewigen Mahl mit seiner Gefährtin am Speisetisch verewigt ist, so muß der Bauer im Bild an den Wänden im kurzen Lendenschurz ewig für dessen Wohl arbeiten.

Auch vorderasiatische Rollsiegel zeigen den Bauern bei der Feldarbeit und dokumentieren damit, daß der Bauer zum Besitz des Siegelinhabers gehört, allerdings mit auch sein wichtigster Besitz ist, denn der Bauer ist für ihn der wertvollste Produzent, der seinen Wohlstand schafft. Dementsprechend wurden bei einem Sieg eines Fürsten über einen anderen die Bauern als Sklaven weggeführt, um ihre Rolle nun für den neuen Herrscher zu spielen.

In der griechisch-römischen Kunst bleibt der Bauer weitgehendst ausgespart; er hat selbst als

Untertan seine Bildwürdigkeit verloren und gehört zu den Selbstverständlichkeiten des Alltags, dem Stadtbürger nicht wichtig genug, um sich seiner im Bild zu erinnern. Erst in der Zeit des Umbruchs, im späten Hellenismus, tauchen gelegentliche Darstellungen auf, wie die Bäuerin als Marktfrau oder Weinverkäuferin; ein Bauer mit einer Kuh vor einem ländlichen Heiligtum aus dem 1. Jahrhundert n.Chr. wird ebenso wie der schaftragende Hirte, den das Christentum zum „guten Hirten" umdeutete, sinnbildliche Bedeutung gehabt haben.

Erst im vorgeschrittenen und späten Mittelalter begegnet man wieder dem arbeitenden Bauern in der Kunst: an Kirchenportalen, in Glasfenstern und Handschriften. Aber auch hier ist er nicht um seiner selbst willen wiedergegeben, sondern als „Verkörperung". Das Bild des Bauern erscheint in den sogenannten Monatsbildern, Darstellungen eines jeden Monats, der dadurch kenntlich gemacht wird, daß ein Bauer eine in dem betreffenden Monat charakteristische Arbeit verrichtet. Der Bauer ist in der Auffassung der Zeit ein Stück der Natur, abhängig von den Gezeiten des Jahres und damit unfrei. An seinem tätigen Leben wird der Kreislauf des Jahres ablesbar, die ständige Wiederkehr, das kosmische Gesetz der Natur. Charakteristisch ist dabei etwa noch, daß solche Monatsbilder in der Frühzeit der bauplastischen Darstellungen, z.B. in Vezelay, Chartres, Bourges u.a. sich an bevorzugter Stelle im Bogenfeld der Portale befinden, daß sie mit der zunehmenden Bedeutung des Stadtbürgertums dann später in die unteren Zonen des Gewändes und Sockels herabgeholt werden, so in Paris, in St. Denis, Reims und Amiens, wo sie somit deutlich als eine untere Schicht gekennzeichnet sind. Die Bekleidung ist auf den Darstellungen ebenso karg wie ihr Leben. Erst in den Stundenbüchern des ausgehenden Mittelalters fallen sie durch Buntheit der Kleidung auf; allerdings erscheinen sie im Bilde so klein, daß eine Vorstellung von Tracht nicht eigentlich aufkommen kann. Die Buntheit verweist dagegen eher auf Naivität, die man dem Landmann unterstellte.

Daß dem nicht so war, zeigen dann die Bauernbewegungen seit dem 14. Jahrhundert, verstärkt die Bauernkriege an der Wende zur Neuzeit. Gleichzeitig tritt der Bauer als Figur stärker ins künstlerische Bewußtsein. In der niederländischen Tafelmalerei erscheinen die Bauern als Anbetende vor dem Kind, in Kreuzzugsbildern als das „gemeine" Volk, aber eben doch nur als Randfiguren. Mit dem Beginn der Neuzeit ändert sich die Auffassung allmählich, aber nicht durchgreifend. Im Totentanz von Hans Holbein tritt der Ackermann als Standesvertreter in den Reigen ein, aber auch nur, um klarzulegen, daß selbst Kaiser und Papst, Ritter und Bürger, Nonne und Edelfrau das gleiche Ende erleben wie er: immerhin kommt die Gleichheit im Tode zum Bewußtsein. In der Flugblattgraphik der Bauernkriege erscheint der Bauer als Antipode der Landsknechte, kämpfend, unterliegend, gerichtet. Eine neue Einschätzung erfolgt schließlich in der Graphik der Kleinmeister, die ihren Sammelnamen nach dem kleinen Format erhielten, in dem sie ihre Darstellungen schufen. Oft sind neue Auffassungen in Bereichen der Miniaturkunst oder in Werken, denen nicht die Hauptaufmerksamkeit galt, zuerst aufgetreten – so führen sie sich zunächst fast unbemerkt ins Bewußtsein ein. Zu ihnen gehören Arbeiten von Jost Amann, der eine Holzschnittfolge der „Beschreibung aller Stände auf Erden" verfaßte und eines der ersten symbolfreien Bilder des arbeitenden Bauern in den Holzblock schnitt. Zu dieser Zeit aber wird auch zum ersten Mal das bäuerliche Leben von Seiten gezeigt, die nicht unter dem Fron- und Arbeitszwang liegen: Hans Sebald Beham, gleichfalls aus der sogenannten Gruppe der Kleinmeister, schafft einen Kupferstichzyklus, den er das „Bauernfest" nennt. In Wirklichkeit ist auch das eine Monatsdarstellung, die auf einen Volkstanz, den sog. Zwölfmonatstanz Bezug nimmt und die Bauern in ausgelassenem Wirbel vorstellt. Auch Dürer radiert tanzende Bauern und ein Bauernpaar, das seine Waren auf dem Markt anbietet; desgleichen Lucas Cranach. Dabei muß auffallen, daß das

Bauernthema trotz seiner jetzt relativen Häufigkeit doch eine kleine Rolle dem gegenüber spielt, was das künstlerische Bildbedürfnis sonst beschäftigt, und daß die Bauern gleichfalls noch nicht als selbstverständlicher Stand, sondern als eine besondere Spezies wiedergegeben werden, der man seine Neugierde ebenso zuwendet, wie manchen anderen Absonderlichkeiten auch.

Mit Pieter Brueghel hebt dann die niederländische Bauernmalerei an, die zum ersten Mal dem Leben und Arbeiten dieser Menschen gerecht zu werden scheint. Doch zunächst ist es wieder ein Zyklus der vier Jahreszeiten, die Einbindung bäuerlicher Tätigkeit in den kosmischen Kreislauf, aber voller Atmosphäre und Schicksal und mit einem Wechsel von Anspannung und Entspannung. Seine Bauernhochzeit wird zum großen Freundschaftsmahl, in dem die Idee der Hochzeit zu Kanaan mit dem Abendmahl von Leonardo da Vinci eine eigentümlich volksnahe Verbindung eingeht, und sein Bild vom Bauerntanz macht im stampfenden Rhythmus die Vitalität dieses Standes so erkennbar, wie dies zuvor nie gezeigt worden ist. Indessen wissen wir, daß auch bei Brueghel jede Darstellung einen sprichworthaften Sinn hat und daß seine Bilder des Landlebens keine Selbstdarstellung des Bauernstandes sind. Auftraggeber und Käufer solcher Bilder waren ja nicht die Bauern, die zu einem neuen Standesbewußtsein erwacht wären, sondern jene Kreise, die beim Anblick solcher Bilder ihr soziologisches Selbstbewußtsein bestätigt sahen. Dem entsprechen so manche Bilder von eindeutiger Problematik, z.B. eine Darstellung von Marinus von Roymersvaele, wo ein Bauer mit seiner Frau – beide mit sehr porträthaften, individuellen Zügen – vor einem Advokaten erscheint, der ihnen bei einem Rechtsstreit helfen soll. Aber nicht die banale Situation ist damit gemeint, sondern eine Allegorie von Klugheit und Unwissenheit, eine Gegenüberstellung von Stadt- und Landwelt, zwei Welten schlechthin.

Auch die nachfolgende Barockzeit folgt dieser Tradition, indem sie die saufenden, kartenspielenden oder würfelnden und sich prügelnden Bauern als Gegenüber zu einer geordneten, sittlichen Welt darstellt. Doch kann dies nicht generell so gesehen werden. Wenn Rubens einen ausgelassenen Bauerntanz malt, dann heben die Tanzenden die Welt aus den Angeln: es ist eine Ausgelassenheit im Gange, ein sinnenhafter Taumel, der auch völlig in der umgebenden Natur aufgeht. Es klingt so etwas auf wie Sehnsucht nach Ungebundensein, Sehnsucht nach rauschhaftem Sichvergessen und Aufgehen im Erlebnis eines anderen Daseins, ein antikisches Bacchanale in einem der eigenen Zeit verständlicherem Kostüm. Auch die Bilder von Jan Steen und Adrian von Ostade haben noch eine andere Dimension als die der Satyre: Die Darstellung des einfachen Lebens, eines im Grunde eng begrenzten Motivkerns. Darin aber entwickeln sie eine feine Charakteristik, eine Abwechslung und Mannigfaltigkeit der einfachen Situation, ein Geschick, immer neue Seiten dieses an sich so einförmig scheinenden Lebens zu entdecken und sie in immer neuer Weise zur Darstellung zu bringen. Und damit machen sie deutlich, daß dieses einförmige Leben voll inneren Reichtums sein kann.

Auch Kurt Bauch, der große Kenner niederländischer Malerei, hat das so gesehen: „Ärmlich und bescheiden ist dieses Leben, das sich in vielen Äußerungen ineinander schlingt auf dieser anspruchslosen Bühne, bei einem anspruchslosen Fest. Aber das Kleine und rührend Niedrige ist mit einem tiefen Eindringen gesehen, mit hoher Kunst erzählt und so zu einem Ganzen echter Menschlichkeit erhoben. Die Vertiefung der Figuren ins Menschliche, des Schauplatzes ins bühnenhaft Räumliche und die Einheit dieser menschlich-räumlichen Atmosphäre, das ist es, was jene Maler von Rembrandt haben, auch wenn sie nicht das Einmalige und Große der Historie, sondern das Sich-Wiederholende und Tägliche des Sittenbildes behandelten“.

Von Schmuck und Tracht ist auf diesen Bildern allerdings nur selten etwas zu sehen, denn dies Landvolk, das sich jetzt gerade nach allen vorausgehenden Bitternissen in Kriegszeiten – und

in Deutschland nach dem 30jährigen Krieg noch lange nicht – erholt, ist nicht reich. Doch von dieser Malerei aus wäre nun eine unvoreingenommene Darstellung des bäuerlichen Lebens, auch unter Einbeziehung seiner festlichen Seite, möglich gewesen. Doch es kam anders. Die sich nach dem Dreißigjährigen Krieg regeneriert etablierte feudale Kultur legt ihrem Weltbild höfische Maßstäbe zugrunde und sieht das Landleben als Idylle, die mit Schäferinnen und Hirtenknaben bevölkert ist. Auch Winckelmann, der dann im ausgehenden 18. Jahrhundert gegen die Verzärtelungen des Rokoko zu Felde zieht, findet keinen Weg zum stillen Realismus der holländischen Bauernmalerei zurück, da die Kunst für ihn zu idealen Aufgaben bestimmt ist, und er bezeichnet die holländischen Maler einschließlich Rembrandt verächtlich als „Affen der gemeinen Natur", ein folgenschweres Wort, gegen das sich durchzusetzen die Malerei des 19. Jahrhunderts es schwer hatte.
Doch die ländliche Idyllenmalerei des 18. Jahrhunderts hält sich in der gebildeten Welt noch lange. 1762 malt Johann Conrad Seekatz selbst die Familie Goethe in Schäfertracht. Wie sehr auch hier „Dichtung und Wahrheit" ineinander vermengt wurden, berichtet Goethe selber in der genannten Schrift, wo er darlegt, daß dieser Maler nur Porträtskizzen von den Darzustellenden anfertigte und sie dann in sein modisches Schema aus Parkbild, Ruinenelement und Draperie einsetzte: „Seekatz übernahm ländliche Szenen, worin die Greise und Kinder, unmittelbar nach der Natur gemalt, ganz herrlich glückten; die Jünglinge wollten ihm nicht ebenso geraten, sie waren meist zu mager; und die Frauen mißfielen aus der entgegengesetzten Ursache. Denn da er eine kleine dicke, gute, aber unangenehme Person zur Frau hatte, die außer sich selbst nicht wohl ein Modell zuließ, so wollte nichts Gefälliges zustande kommen".
Diese „Verbiegung" des Bäuerlichen ins Höfische aber spiegelt nicht nur die bildende Kunst allein, sondern auch die Literatur mit ihren Schäfergedichten, und sogar die Musik, die den Bauerntanz als „Allemande" in den Salon brachte.
Doch es dauerte nicht mehr allzu lange, bis Adalbert von Chamisso in seinem Gedicht vom Riesenspielzeug die Verse schrieb: „Der Bauer ist kein Spielzeug, da sei uns Gott davor!" Die französische Revolution hatte die soziologischen Verhältnisse in Europa tiefgreifend verändert und die Abschaffung der Leibeigenschaft der Bauern bewirkt, auch wenn sich diese in manchen Bereichen noch lange halten konnte. Unter den Motiven, welche sich die bildende Kunst im 19. Jahrhundert sorgsam erarbeitete oder zurückeroberte, spielte die Landschaft, und in ihr der Bauer, eine Rolle. Daß dies nicht überstürzt geschah, ist im Hinblick auf die überlieferte Unselbständigkeit des Themas nicht verwunderlich. Das bäuerliche Thema benötigte allerdings zunächst eines Katalysators: die Landschaftsmalerei. Auch sie galt nach akademischer Doktrin als nicht bildwürdig, und Lessing hatte dies damit begründet, daß die Landschaft „keine Seele" habe. Man forderte von Kunst die Vermittlung großer Ideen und dies vermochte bestenfalls die ideale und die heroische Landschaft zu leisten, die mit Tempeln bestückt war und in der sich das beispielhafte Schicksal des Odysseus oder der Medea zutrug. Aber Caspar David Friedrich, der die Natur als Sinnbild des von Gott Geschaffenen auffaßte und in ihr ein Gleichnis der Verheißung sah, bezog auch den Menschen ein, der mit dieser Natur verbunden war. In seinen Seestücken waren es vor allem Fischer, die das Naturgleichnis zu einem Gleichnis für das Dasein in der Welt werden ließen. Nach pantheistischer Naturauffassung war der Mensch inmitten der Natur der Schönheit und damit auch Gott am nächsten und so wurde der in der Natur wirkende Mensch fast mit religiöser Ehrfurcht betrachtet: „Voll hoher Freude stand ich lange da und sah hinaus in die Gegend, sah, wie die Herden der Rinder und Schafe am Städtchen sich nahten, sah, wie die fleißigen Schnitter mit den blinkenden Sensen Elsterweida zueilten", schrieb Caspar David Friedrich und machte damit den entscheidenden Blickwinkel deutlich, nämlich daß Landschaft und Landleben von Künstlern ent-

deckt wurden, die in der Stadt wohnten, und für die Landschaft jetzt plötzlich als Offenbarung auftrat. So überschreibt auch Beethoven einen Satz seiner Pastorale mit den Worten „Erwachen heiterer Empfindungen bei der Ankunft auf dem Lande“. Moritz von Schwind berichtete über einen Freund: „Er dürstet nach Ruhe, sucht im Land herum ein Städtchen, wo die Menschen freundlich beisammen leben. Ruhe, Frieden, Eintracht. Endlich läßt er sich nieder in einem romantischen Paradiese. Es sind außer Bauern und friedlichen Bürgern nur drei ineinander verheiratete Familien am Ort“. So erscheint Land und Landleben als Zuflucht, als wiedergewonnenes Paradies.

In der Zeichnung und Malerei wird jetzt immer mehr auch das Interesse für das äußere Erscheinungsbild der Landbevölkerung deutlich. Eingehend schildert Wilhelm von Kobell (1766–1853) in seinen Landschaftsbildern mit Motiven aus der Gegend um den Tegernsee oder dem Dachauer Moor auch die Menschen mit ihren farbenprächtigen Gewändern. Seine Figuren stehen in einem merkwürdigen Verhältnis zu ihrer Umgebung, fast etwas puppenhaft oder idealhaft in betonter, ruhig stehender Haltung, als kleine Silhouetten gegen die Ferne. Das helle Sonnenlicht mit seinen Schlagschatten, die Präzisierung des Details, die Ruhe in der Atmosphäre schaffen so etwas wie eine Sonntagsstimmung. Zu ersten Mal ist bäuerliche Festtagskleidung zugleich so authentisch wiedergegeben und Gegenstand eines Kunstwerks geworden.

Man muß einmal ein Handbuch der Konstümkunde durchblättern, um sich den Mangel an Trachtenvorstellungen zu verdeutlichen: Man kennt aus den Werken der Kunstgeschichte die Kleidung der Kaiser und Könige, ihrer Gemahlinnen und des ganzen Gefolges; man kennt die Bekleidung und Ausrüstung der Soldaten aller Jahrtausende, die Kleidung der Bürger, der Vornehmen, der Geistlichen. Der ganze Reichtum modischen Wechsels ist in Kunstwerken festgehalten. Der Bauer erschien bisher fast ausschließlich in seiner funktionellen Arbeitskleidung. Jetzt wird zum ersten Mal in der Kunst sein friedliches und feiertägliches Dasein registriert, in einfacher Zuständlichkeit und ohne moralischen Hintersinn.

Freilich steht die Trachtenmalerei damit erst am Anfang. Aber immer mehr der reisenden Künstler der romantischen Bewegung notieren in ihren Skizzenbüchern das Aussehen und die Kleidung der Landleute. J. C. Erhard (1795–1822) aquarelliert 1815 eine Bauernfamilie vor ihrem Haus in der Oberpfalz, und auf seiner Italienreise zwei italienische Bäuerinnen, von denen eine mit der Spindel Garn spinnt. Mit der Verlegung des deutschen Kunstzentrums in der ersten Hälfte des 19. Jahrhunderts nach Rom, da in Deutschland noch keine aufnahmebereite Gesellschaft für Kunst existiert, sind es dann überwiegend italienische Trachten, die studiert und gezeichnet wurden. Franz Horny (1798–1824) zeichnet in Italien wandernde Landleute mit Frauen, die ihre Last auf dem Kopf tragen; die Formen des Kostüms werden in allen Einzelheiten registriert und am Rande die Farben notiert. Ähnliches findet sich bei Johann Adam Klein (1792–1875) und Theodor von Rehbenitz (1792–1861), bei Wilhelm von Harnier (1800–1838), Peter Fendi (1792–1842), Jakob Baptist Kirner (1806–1866) und Lukas Kirner (1794–1851). Man könnte die Liste der Künstlernamen beliebig fortsetzen, womit dann gleichzeitig deutlich wird, daß es nicht die großen von der Kunstgeschichte registrierten Namen sind, die sich dieser Aufgabenstellung zuwenden, sondern daß hier ein spezielles, volkskundliches Interesse mit im Spiel ist. Dieses Interesse wurde auch von anderer Seite her genährt, von der neu begründeten Volkskunde, die mit den Forschungen der Gebrüder Grimm (Jakob 1785–1867 und Wilhelm 1786–1859) ihren Anfang nahm.

Die Trachtendarstellung hatte aber noch eine andere Quelle, wie die Bilder in Volkskundemuseen oder in seltenen Fällen auch in bäuerlichem Besitz belegen: in der bäuerlichen Malerei selber, die im 19. Jahrhundert eine charakteristische Entwicklung nimmt. In den

Bauernhöfen schmückten Maler ihre Schränke und Truhen und schufen primitive Altarbilder, Votivtafeln und Hinterglasmalereien für die Kapelle, die oft neben dem einsam gelegenen Hof stand. Allmählich wurde der Bauernmaler zum selbständigen Beruf, und diese Maler arbeiteten teilweise von Hof zu Hof ziehend oder – wie im Holland des 17. Jahrhunderts – nebenberuflich als ansässige Wirte. Das neue Standesbewußtsein der jetzt selbständigen und nicht mehr leibeigenen Bauern weckte auch den Wunsch, das eigene Bildnis und das der Bäuerin festzuhalten und den Nachkommen zu vererben. Daß es sich hier nicht primär um ein Kunstbedürfnis handelte, beweist die Tatsache, daß dann später die Fotografie diese Aufgabe übernehmen konnte. Diese Bildnismalerei oder Bauernmalerei ist einfach und sachlich, treu im Detail und ernst beobachtend. Aber die Zeit, in der solche Bilder entstehen konnten, währte nicht lange, denn die Begabten unter den Malern entwickelten ein Gefühl für ihr Talent und wanderten in die Kunstschulen der Landeshauptstädte ab; viele der Künstler, die in der 2. Hälfte des 19. Jahrhunderts zu Namen kamen, stammten aus bäuerlichen Familien.

Wirklich bildwürdig wurde die Trachtenmalerei dann nach der Mitte des 19. Jahrhunderts in der Epoche des Realismus, dessen Ziel eine scharfe Naturbeobachtung auf Grund einer neuen Einschätzung der Wirklichkeit wurde: man wollte nicht mehr deren Idealisierung durch hohe Gedankengänge, sondern anerkannte das Tatsächliche, den einfachen Zustand der Natur und der in ihr lebenden Menschen. Die Impulse dazu kamen aus Frankreich, von Courbet (1819 bis 1877), in Beziehung der Darstellung des einfachen Landlebens und seiner Bevölkerung von Jean-François Millet (1814–1875) und Jean Baptist Corot (1796–1875). Millet war selber Bauer, wie sein Vater und Großvater, und seine Brüder waren Knechte. Durch Zufall wurde er entdeckt und bekam als 20jähriger seinen ersten Zeichenunterricht, lernte Lesen und Schreiben. Das Bauernleben erhielt in seinen Bildern eine neue Dimension.

„Aus diesem Bauernleben“, schrieb Richard Muther, „habe die bisherige Malerei in konventionellem Optimismus nur kleinliche Anekdoten herausgeschält. Es war keine hübsche Auffassung vom Menschen, daß die Bauern in jenen frühen Bildern immer zur Belustigung der Ausstellungsbesucher Hochzeiten, goldene Hochzeiten und Kindstaufen feierten, Schuhplattler tanzten, komische Heiratsanträge machten, sich beim Advokaten linkisch benahmen oder im Wirtshaus raufen mußten. Das Recht zur Existenz erwarben sie sich durch Arbeit.“ Millet schrieb dagegen in einem Brief: „Das Heiterste, was ich kenne, ist die Ruhe, das Schweigen, das man in den Wäldern oder auf den Äckern genießt. Man sieht, wie ein armes, mit einem Reisigbündel beladenes Wesen aus einem kleinen Feldweg herauskommt. Die Art, in der diese Gestalt vor einem auftaucht, erinnert augenblicklich an die Grundbedingung des menschlichen Lebens, die Arbeit. Rings auf den Äckern sieht man Gestalten hacken und graben. Man sieht, wie sich diese und jene in den Hüften aufrichtet und den Schweiß mit dem Handrücken abtrocknet. Im Schweiße Deines Angesichts sollst Du Dein Brot essen. Ist das eine fröhliche, scherzhafte Arbeit, wie sie gewisse Leute uns gern einreden möchten? Und doch findet sich hier für mich die wahre Menschheit, die große Poesie.“

Der Maler in Deutschland, der diesem bäuerlichen Realismus am nächsten stand, war Wilhelm Leibl (1844–1900), der aus dem großstädtischen Köln stammte, von dort nach München ging und sich dann in die kleinen Orte um München zurückzog, unter anderem auch nach Dachau. Entscheidend war für ihn eine Münchener Ausstellung von 1869, auf der er Bilder von Courbet, Millet und Corot kennenlernte. Auch er malte dann einfache Szenen aus dem Leben des Tages, aber mit dem großen malerischen Instinkt. Dabei spielt neben den Gesichtszügen, die er ohne psychologische Spekulation wiedergibt, die Kleidung eine wichtige Rolle bei der Charakterisierung seiner Menschen. Er malt die gemusterten Kleider, an denen deutlich der Stoff, das Gewebe zu erkennen sind, die geblümten seidenen Halstücher und

rauhhaarigen Lederjoppen das Gefühl erwecken, als könnte man die Unterschiede greifen. „Man male den Menschen so wie er ist“, schrieb er, „da ist die Seele ohnehin dabei.“
Einen ähnlichen Realismus der Bauerndastellungen finden wir jetzt fast in allen europäischen Ländern, und die genaue Wiedergabe der Tracht stellt so etwas wie eine Legitimation für den auch sozial verstandenen Einsatz für den einfachen Landmenschen dar. Der sozialen Veränderungen entgegentreibende russische Realismus der Gruppe der „Wanderer“ (Peredwishniki) zeigt z. B. ein Bauernmädchen, das von seinem Eigentümer einem anderen Gutsherrn verkauft wird, in seiner Volkstracht, und man will damit verdeutlichen, daß Zugehörigkeit zu einer Volksgruppe nicht verkauft werden kann. In anderen Bildern werden die bunten Volkstrachten des Bauern der eintönigen Kleidung mißtrauisch blickender Popen entgegengestellt. In jedem Fall drückt sich in der Trachtenkleidung das neue Selbstbewußtsein der Landsleute aus. Auch die amerikanische Malerei der Zeit zeigt in der Trachtendarstellung auf den Bildern das Gefühl für die neu gewonnene Freiheit. Gleichzeitig macht sich in der Hinwendung zur ländlichen Thematik eine weitere Tendenz bemerkbar, die für das fortgeschrittene 19. Jahrhundert symptomatisch ist: die Flucht der Künstler aufs Land, einerseits um der seelenlosen Routine des großstädtischen Akademiebetriebs zu entgehen und um Anregungen aus einer unverfälschten Umgebung zu gewinnen, andererseits auch einfach, um billiger leben zu können, denn gerade die künstlerische Unabhängigkeit von kirchlichen oder bürgerlichen Auftraggebern schließt ein, daß die Aufträge ausbleiben, wenn der Künstler sein Angebot nicht an der vorherrschenden Nachfrage orientiert.
Diese Flucht aufs Land ist seit der Zusammenkunft französischer Künstler in Barbizon fast zu einer europäischen Bewegung geworden. In Frankreich wird Pont-Aven in der Bretagne seit den 80er Jahren zu einem solchen Zufluchtort; für van Gogh war es Arles. Der Schwede Anders Zorn zieht sich nach Mora zurück. In Deutschland werden die bekanntesten Künstlerkolonien Dachau bei München, Willingshausen in der hessischen Schwalm, Kronberg im Taunus, Worpswede im Teufelsmoor bei Bremen, Grötzingen bei Karlsruhe, später in unserem Jahrhundert Murnau im Alpenvorland und die Höri am Bodensee. Als einer der beliebtesten Orte kann Dachau seine Anziehungskraft auf Künstler bis ins frühe 19. Jahrhundert nachweisen. Man darf dabei nicht übersehen, daß die Künstler, von denen die Rede war und die sich in die malerischen Provinzen zurückzogen, nicht das große Publikum hinter sich hatten, sondern in der bürgerlichen Kritik umstritten waren. Man darf die Entwicklung künstlerischer Leistungen in ihrer konsequenten Abfolge nicht für ein Erfolgserlebnis halten. Gleichzeitig stand eine ganze Reihe von Bildermalern in der Publikumsgunst weit höher und kam den Erwartungen des Salonpublikums weit mehr entgegen, weil sie den Geschmack der Konsumenten beim Malen miteinkalkulierten und sich seine Befriedigung zum Ziel setzten. So nötigt uns heute fast jede Rekonstruktion einer solchen Salonausstellung ein Lächeln ăb, weil wir es besser wissen und das Ergebnis der Entwicklung überblicken. Aber damals malten auch Künstler wie Franz von Defregger (1835–1921) in einem Pseudorealismus Bauernbilder als sentimentale Erfolgsstücke, gerade so, als ob es einen Millet nicht gegeben hätte. Und diese Sonntagsbauern waren ebenso beliebt, wie es heute noch die weinseligen Mönche von Grützner bei einem anspruchslosen Publikum sind. Man mag angesichts solcher Bilder auch an die Schilderung des englischen Landlebens denken, die der Spötter Oscar Wilde in seinem Bildnis des Dorian Gray niederschrieb: „Sie haben keine Ahnung, was für ein Leben die dort führen. Es ist das reine, unverfälschte Landleben. Sie stehen früh auf, weil sie so viel zu tun haben, und gehen früh zu Bett, weil sie so wenig zu denken haben. In der ganzen Gegend war seit der Zeit der Königin Elisabeth kein Skandal mehr infolgedessen schlafen sie alle unmittelbar nach dem Abendessen ein.“

In den Zusammenhang eines solchen Pseudorealismus wie bei Defregger oder Grützner gehören auch die Darstellungen dieses Buches, doch sind sie hier vertretbar, weil keine künstlerisch-soziologischen Darstellungen des Landlebens gewollt sind, sondern es um die Information über Kleidung geht, bei der alles Beiwerk nur Zutat ist und ein gewisses regionales Ambiente die Umgebung zu dieser Kleidung andeuten soll. Wir empfinden auch aus der heutigen zeitlichen Distanz dieses Ambiente nicht als peinlich, sondern eher als liebenswürdig naiv.
Albert Kretschmar war Maler und Professor am Königlichen Hoftheater in Berlin und entwarf dort Bühnenbilder und Kostüme. Hier liegen in erster Linie die Gründe für sein Interesse an Volkstrachten, über die es damals im Gegensatz zu den klassischen Kostümbüchern noch kein Nachschlagewerk gab. Mit seinem Werk wollte er diese Lücke schließen und nicht zuletzt seine für das Theater schaffenden Kollegen Musterbilder an die Hand geben. Und so reiste er vornehmlich in den Theaterferien durch die Lande und aquarellierte mit unerhörter Geduld und Genauigkeit die Trachten der Bauern. Daß es ihm dabei nicht um die differenziertesten Erscheinungen ging, die etwa ein Trachtenkundler sammeln würde, zeigt die Auswahl, bei der er sich jeweils auf die typischsten Beispiele einer Landschaft beschränkt. Auch die Auswahl der Landschaften bietet keine Vollständigkeit, sondern hängt von seinen Reiserouten ab; so etwa sind das Allgäu und die Schweiz nicht in dem Werk vertreten, dagegen finden sich selbst so periphere Gebiete wie Litauen. Wahrscheinlich waren überhaupt die zur Aufführung von Volksstücken vordringlichen erforderlichen Kostüme der Ausgangspunkt seiner Studien, wobei sich dann organisch anschloß, was auf seinen Reisen weiterhin begegnete. So wird dann auch in den szenischen Arrangements seiner Trachtenbilder vielfach der Bühnenbildner spürbar, der die Gruppen auf einem schmalen Schauplatz im Vordergrund vor kulissenartigen Hintergründen auftreten läßt.
Vorbilder für diese Darstellungen waren sicherlich auch die Modekupfer, wie sie vor allem von den Pariser Modeschöpfern seit dem 18. Jahrhundert in alle Teile Europas verschickt wurden. Dort wurden jeweils ein oder zwei Personen groß im Bild gezeigt und mit aller Ausführlichkeit der modischen Details wiedergegeben, während die Umgebung, in der sie sich befanden – meist ein aristokratischer, später ein bürgerlicher Salon – in einem reduzierten Grad an Ausführlichkeit angedeutet war. Kretschmars Bilder weisen dagegen eine viel größere Lebendigkeit und einen lebhafteren Wechsel der Schauplätze auf, vor allem führt die Andeutung von Handlungszusammenhängen oder Dialogen zwischen den Figuren zu einer ansprechenden Bildfolge, die den Betrachter niemals ermüdet. Hinzu kommen Einflüsse der damals in Europa so populären Bilderbogen, wie sie beispielsweise der Wiener Verlag Trentsensky herausbrachte, und letztlich geht die Tradition solcher Darstellungen bis in die Zeit der spätgotischen Einblattholzschnitte zurück. Mit den Bilderbogen des 19. Jahrhunderts verbindet diese Darstellungen vor allem auch die lebhafte Farbigkeit, die als Charakteristikum der Volkstümlichkeit, gerade auch der Tracht, hervorgehoben wird.
Was an diesen Darstellungen außer der volkskundlichen Information auch den Laien ergötzt, ist die naiv-nostalgische Darstellung der heilen Welt, in der sich die Szenen abspielen. Bauernkriege und Hungersnöte, Mißernten und aufs Land übergreifende Industrialisierung sind vergessen, es herrscht eitel Sonntag. Und dies entspricht selbstverständlich auch der Funktion Tracht, die an Sonn- und Feiertagen, bei Festlichkeiten oder beim Gang in die Stadt zum Markt getragen wird. Meist stehen die bunt gekleideten Bauernmädchen in ihrer Unschuld und der Armseligkeit ihres Wissens direkt und untätig vor uns im Bild, in ihrer Naivität im Einklang mit der Natur, in die man sie eingebettet glaubt. Man gerät in Versuchung zu schwören, daß der wiedergegebene Ort der friedlichste Winkel der Welt sei.
Nur selten überrascht der Autor mit unfreiwilliger Komik, etwa wenn er Bauern und Bauers-

frauen aus dem badischen Gutachtal in ihrer Sonntagstracht mit Bollenhut bei der Heuernte zeigt. Zurecht spielen eine große Anzahl von Darstellungen in ausgesprochener Sonntagssonne und zeigen die Landleute auf dem Weg zur Kirche, während des Gottesdienstes, auf dem Heimweg danach und in beschaulichen Situationen vor dem Bauernhaus, bei Vorbereitungen zur Hochzeit, beim Dorf- oder Schützenfest. Die Szenen werden dabei so aufgebaut, daß man die Trachten von vorn und von hinten sehen kann, daß Männertracht neben Frauentracht erscheint und – wo das als besonders wichtig empfunden wird – auch die Trachten der Kinder und die der alten Leute nebeneinander gestellt werden; manchmal ergibt sich dann unabsichtlich so etwas wie eine Allegorie der Lebensalter.

Neben neutralen Schauplätzen, mit denen jede Tracht hinterlegt werden könnte, arbeitet der Künstler häufig mit ausgesprochenem Lokalkolorit. Dies gilt nicht nur für die Typen von Bauernhäusern, die den Hintergrund abgeben, sondern auch landschaftliche Gegebenheiten, wie die Moselburg hinter den Weinbergen im rheinischen Preußen, die Silhouette der Altenburg im Altenburger Land, den Wasserkanal im Spreewald, die gezackten Bergrücken im Bayerischen, das Ulmer Münster im Württembergischen, die alten Zollfestungen in Südtirol. Nur einmal kommt technischer Fortschritt ins Bild, das auf einem bayerischen Bahnhof spielt und Dampflok, Signal, Glocke und Gaslaterne als Embleme der Modernität einsetzt.

Gegenüber der Guckkastensicht der überwiegenden Zahl von Bildern gibt es Darstellungen, bei denen nach Art alter Buchmalerei das Hauptbild von einer Rahmenborte umgeben ist, auf der sich begleitende Szenen abspielen, die auch ein buntes Alltagsleben andeuten; oder es werden Medaillons ins Bildfeld eingeschoben, die Varianten der Grundtracht zeigen. Eine ganze Reihe von Bildern sind auch zweigeschossig angelegt und in ein unteres Hauptbild mit oberem Bildstreifen gegliedert, wie z.B. in der Darstellung von Buchwald in Schlesien: Oben sieht man im Streifen die Rückkehr der Bauernfamilie von der Kindstaufe, im unteren Bild wird in der Stube des Bauernhauses der Tisch zum Schmaus gedeckt. Auch Verlöbnisse und Hochzeiten werden gezeigt, niemals allerdings eine Beerdigung, die im bäuerlichen Leben ja auch eine Festtagssituation darstellt – denn nichts soll die Unbeschwertheit, die Vorstellung vom heilen Landleben trüben. Mit den oben geschilderten Stilmitteln, mit den Streifen, Medaillons und Mehrfeldbildern, den szenischen Gruppierungen gehen die Darstellungen dabei weit über ein Musterbuch hinaus und erhalten einen anekdotischen Zug, etwas Erzählerisches, zu dem man sich die Worte hinzuphantasieren kann.

Außer den Ähnlichkeiten in den genannten Stilmitteln unterscheiden sich die Bilder jedoch ganz erheblich von der gleichfalls bunten Welt der Bilderbogen. Dort ist drastisch und unverblümt von Tod und Mord die Rede, von Fegefeuer- und Höllenstrafen, von Krieg und Vernichtung, von unglücklicher Liebe und Hartherzigkeit, von saufenden Männern und zänkischen Frauen, vom fehlenden Geld und der vergeblichen Jagd nach Glück. In unseren Trachtenbildern, die typisch von einem Großstädter gezeichnet wurden, für den das Land eine Zuflucht, eine ersehnte Übereinstimmung von Mensch und Natur zu sein scheint, begegnet uns eine Welt der sanften und heilen Geschicke, der lösbaren Probleme, der Geschichts- und Zeitlosigkeit. So entsteht hier eine Art Elysium auf dem Dorfe, eine andere Variante des Traums vom Goldenen Zeitalter, das so viele Maler jenes Jahrhunderts dargestellt haben, als Wunschtraum gegen die Wirklichkeit der realen bürgerlichen Welt mit den Zwängen ihres Alltags.

Inhalt

Das grosse Buch der Volkstrachten.

Original-Zeichnungen mit erklärendem Text

von

Albert Kretschmer

Maler und Professor am Königl. Hoftheater zu Berlin.

Rheingauer Verlagsgesellschaft Eltville am Rhein

Schleswig-Holstein.

(Tafel 1—4.)

Die von der Nord- und Ostsee bespülte jütische Halbinsel zeigt in ihrem südlichen Theile, den früheren Herzogthümern, nunmehr preußischen Provinzen Schleswig-Holstein, eine bunte Mannigfaltigkeit von Völkerzweigen, wie sie die eigenartige Lage dieser Länder nothwendigerweise bedingte. Sind wir auch über die speciellere ethnologische Stellung dieser Halbinselbewohner nicht überall im Klaren, so gehören sie doch in ihrer Gesammtheit zweifelsohne dem germanischen Stamme an.

Im kleidlichen Aussehen dieser einzelnen Stämme macht sich der Seemann in seinem Beruf als Fischer und Schiffer besonders kenntlich. Er bedient sich der allgemein praktischen Tracht, die das wilde Element ihm an allen Küsten der Nord- und Ostsee vorschreibt. Hier wie dort trägt er den wasserdichten Südwester, der ihm Kopf und Nacken schirmt, eine wollene und leinene, hemdartige Bekleidung des Oberkörpers, rohleinene, sehr weite Hosen, hohe, bisweilen das ganze Bein bedeckende plumpe Stiefeln, ein streifiges Tuch lose um den Hals geschlungen und eine dickwollene, mit Hornknöpfen besetzte Jacke.

In heimathlicher Thätigkeit, an der Küste, sehen wir den Fischer mit der gestrickten buntstreifigen Zipfelkappe das Haupt bedecken; er trägt über dem wollenen Hemd eine querstreifig bunte oder auch einfarbige Weste mit zwei Reihen Knöpfen besetzt; unter den weiten Leinenhosen werden gewöhnliche Tuchpantalons sichtbar, und über den blauen Strümpfen die plumpen Holzschuhe, mit eisernen Bändern und Nägeln beschlagen.

Dieser Standestracht der Männer entspricht auch die Bekleidung der Mädchen und Frauen der Fischer. Sie kleiden sich in einfache wollene und leinene Stoffe, Formen und Farben, wobei Streifenmuster ebenso wie von den Männern bevorzugt werden. Der runde breitrandige Strohhut wird hier an der Küste wie auch bei der ländlichen weiblichen Bevölkerung Holsteins allgemein getragen. Die Eigenart in der Tracht ist hier schon abgestreift und hat sich allgemein praktischen Kleiderformen zugewandt, wie sie der Thätigkeit des rührigen Volkes an der Küste wie im Flachlande entsprechen.

Dagegen ist volksthümliche Tracht noch erhalten in der Nähe von Kiel und der holsteinschen Küste bei den Probsteierinnen, die diesen ihren Namen von dem bereits säcularisirten Nonnenkloster zu Preetz führen. Während ihre Abstammung nach Ansicht Einiger für unbestimmbar gilt, werden sie von Anderen zu den Friesen gestellt. Und wenn letztere Ansicht sich begründen ließe, wäre es, mit Hinzunahme der gleicherweise höchst originellen friesischen Trachten der Bewohnerinnen der schleswigschen Westinseln und von Ostenfeld bei Husum, überhaupt nur noch die friesische Bevölkerung Schleswig-Holsteins, welche in der Frauentracht eigenthümlich geblieben ist.

Die Tracht der Probsteierinnen neigt sich durch die Länge der Gewandung einer ernsten Stimmung zu. Schwarz ist die Hauptfarbe. Der in breite Falten gelegte Rock ist an Festtagen in der unteren Hälfte von schwarzem Taffet, in der oberen von hochrothem oder schwarzem gepreßtem Sammet oder Damast; in weniger kostbarer Ausstattung wird Wolle zum Rocke verwendet. Den vorderen Theil deckt eine Schürze von gleicher Länge wie der Rock, meist von schwarzem Taffet, doch kommen auch dunkelblaue Schürzen vor und als Mädchentracht weiße. Das hoch heraufsteigende Leibchen von schwarzem Taffet ist am unteren Theil mit breiter Perlenstickerei in Blumenmustern besetzt und durch zwei reich verzierte silberne Knöpfe am Halse geschlossen, sowie durch zwei Reihen größerer silberner Knöpfe geschmückt. Ein Gürtel von silbergesticktem schwarzem Sammet mit großem, achteckig gestaltetem silbernem Schloß verbindet Rock und Leibchen und ist unmittelbar der Halt für die Schürze. Die weitfaltigen weißen feinleinenen Hemdärmel sind gleicherweise mit großen reichverzierten silbernen Knöpfen besetzt, sowie auch die zur vollständigen Tracht gehörige Jacke von dunklem, häufig streifigem Seiden- oder Halbseidenstoff mit zwei Reihen dicht aneinander gesetzter Knöpfe geziert ist. Dieser Schmuck der silbernen Knöpfe an der ganzen Kleidung erinnert auch schon lebhaft an die friesische Ausschmückungsweise. Das Haar wird mit farbigem Bande zu einem Zopf geflochten und kranzartig um den Kopf gelegt und darüber nach Erforderniß ein großes, farbig gestreiftes oder schwarzseidenes Tuch in dreizipfeliger Form übergebunden und unter dem Kinn verknüpft. Ein kleines seidenes Knüpftuch umschließt den Hals. Die Fußbekleidung besteht aus weißen Strümpfen und schwarzen Schnürstiefeln.

In Ostenfeld bei Husum ist bei älteren Frauen noch ein ehrwürdiges Stück alten Trachtenbrauches im Gange und steht in harmonischer Zusammenwirkung mit der ganzen Hauseinrichtung, mit der holzgeschnitzten oder mit farbig bemalten Kacheln bedeckten Wandbekleidung, den geschnitzten Fensterrahmen, den alterthümlichen Möbeln, den Gefäßen und metallenen Schüsseln, die hier auf den Schränken prunken, sowie den reich und kunstvoll verzierten Truhen, die den Kleiderputz bewahren. Dieser wird nicht, wie anderwärts, nur am Sonntag hervorgeholt, sondern giebt auch am gewöhnlichen Wochentage ein charakteristisches Bild der altfriesischen Stammeseigenthümlichkeit.

Besonders eigenartig ist das etwa 1,20 Meter im Quadrat geschnittene Kopftuch von weißem Leinen, welches an jedem der vier Zipfel mit einer traubenartigen Quaste beschwert ist,

1

Schleswig

Ostenfeld.

2

Schleswig

Föhr.

3
Holstein
Probstei.

4

Schleswig - Holstein

An den Küsten.

um so dem nun dreiseitig zusammengelegten Tuche, welches, vorn über der Stirn angelegt, am Hinterkopf ineinandergesteckt wird, den richtigen Faltenzug zu geben. Es bildet sich durch diese Anlegung eine Art Hörnermütze, welche den Scheitel verhüllt und in zwei sich deckenden, am Nacken herabhängenden Zipfeln endigt, von denen der obere den roth eingestickten Namenszug trägt. Wenn so durch Anlegung auf das unbedeckte Haar der Kopfputz hergestellt zu werden pflegt, so wird doch auch zuweilen derselbe auf ein Käppchen, von welchem nur zwei am Nacken herabhängende schwarze Bänder sichtbar werden, aufgebaut. Die Bekleidung des Oberkörpers besteht zunächst aus einer carmoisinrothen Tuchjacke, von der auch nur wieder die Aermel dem Auge wahrnehmbar sind, welche mit gelbseidenen Borten an den Nähten eingefaßt und mit weiten Aufschlägen am Unterarm versehen sind, die, ähnlich denen der Rococozeit, litzenartig, hier jedoch aus farbig gemustertem Sammet, weißen und gelbseidenen Borten und hohen silbernen Knöpfen zusammengestellt sind und aus denen nur das Bündchen des weißen Hemdärmels herausschaut, welches durch silberne verzierte Knöpfe geschlossen ist. Eine Ueberweste von schwarzem Sammet mit schwarzen, blumig gemusterten Sammetborten am vorderen Ausschnitt wie am Rücken besetzt, ist durch silberne Ketten, Knöpfe und viereckige Agraffen geschlossen und hält dadurch den rothen Frieslatz, welcher auf der Höhe der Brust mit Silber- und Goldweberei ausgeschmückt, die Vorderseite des Oberkörpers bedeckt. Als Halsbekleidung dient ein weißleinenes Kragentuch, dessen aufrechtstehendes Bündchen weiße Stickerei ziert, und während man den kragenartigen Theil vorn übereinandersteckt, wird ein am Rücken herabfallender Streifen durch Bänder am Gürtel befestigt. Der faltenreiche Fries- oder Wollenrock erreicht beinahe die Füße und ist mit hellblau wollenem Bande eingefaßt. Die darüber angelegte dunkelblaue oder streifige Faltenschürze mit dem breiten hellblauen Bündchen oberhalb, sowie die blauwollenen oder schwarzen Strümpfe und die ausgeschnittenen Schuhe von schwarzem Leder mit sehr breiten silbernen Schnallen vervollständigen den Anzug.

Die Tracht der Frauen in Föhr, obwohl auch in ernsten Farben gehalten, ist nicht so gravitätisch wie die der Ostenfelderin. Sehr anmuthig in der Anordnung ist das Kopftuch von dunkler, meist schwarzer Seide und mit bunten Blumenmustern bedeckt. Während es graziös die bei den Mädchen in Nestform zusammengesteckten Flechten turbanartig umwindet und die seidenen Zipfel mit den langen Franzen malerisch herabhängen läßt, wird bei den Frauen dieser obere Theil des Haares durch eine flach anliegende Kappe von hochrothem Tuch gedeckt und bildet so das Unterscheidungszeichen zwischen Frauen- und Mädchentracht.

Das Kleid ist gewöhnlich von feinem schwarzwollenen Stoff, die Aermel erweitern sich puffenartig am Ellenbogen und sind am Handgelenk mit zwei reich verzierten silbernen Knöpfen besetzt, während der untere Rand des Rockes blau umsäumt ist. Ebensolche Knöpfe schmücken das Brust und Rücken deckende, seidene oder farbig eingefaßte Tuchmieder. Zuweilen aber prangt auf der Brust ein reicher Kettenschmuck von Silber mit breiten Schlössern und kugelartigen Verzierungen, sowie auch den Hals eine Reihe feiner silberner Ketten dicht umschließt, welche durch ein breites Schloß gehalten werden. Ueber einem um den Hals glatt umgelegten

Tuche von feiner weißer Wolle oder Leinen liegt ein größeres buntblumiges Tuch von gleichem Stoff, wie das, welches um den Kopf gewickelt ist, Brust und Schultern verhüllend, und läßt den feinen Franzenbesatz bis zum Gürtel herabfallen. Die Schürze ist von farbigem Damast, zum Theil mit seidenem Besatz, auch von streifigem Kattun oder bei der Mädchentracht von feinem weißen Leinen und erreicht nicht selten die Länge des fußfreien Rockes, sowie sie auch in der Breite mehr als den vorderen Theil desselben durch ihre Faltenfülle deckt. Besonders eigenthümlich an der Schürze ist, daß sich das sonst so schmale Bündchen, an welches die Schürzenbänder genäht zu werden pflegen, hier fast bis zu einem Mieder ausdehnt, welches im Rücken durch Haken zusammengehalten ist, an deren unterstem ein silbernes Schloß sich befindet, während nach vorn in gleicher Höhe an einer silbernen Agraffe die Kantenbänder der weißen Leinenschürze befestigt sind. Schuhe oder Stiefeln aus schwarzem Leder zu weißen Strümpfen dienen als Fußbekleidung.

Die Vierlande.

(Tafel 6.)

Die bunten munteren Gestalten der Vierländer, die das Interesse jedes Fremden erwecken, der Hamburgs Straßen durchwandert, haben wenige Meilen von dieser Stadt, bei Bergedorf, ihre Heimath. Ursprünglich holländischer Abkunft, ist auch noch Manches in ihrer Tracht, was daran erinnert. So weit sich diese bis jetzt überhaupt erhalten, denn der Einfluß des Modischen ist auch an ihr nicht spurlos vorübergegangen, gehört sie dennoch zu dem Originellsten, was Norddeutschland in dieser Hinsicht aufzuweisen hat.

In der Stadt, wo diese Landleute ihre Verkaufsgeschäfte treiben, sieht man die Männer in der schwarzen, blauen oder braunen Tuchjacke, welche nur bis zum Gürtel reicht und am Rückentheil durch ein kleines Schößchen abgeschlossen ist. Unter dieser bekleidet eine dunkelblaue Tuchweste mit zwei Reihen platter silberner Knöpfe den Oberkörper und wird am unteren Saum durch den Bund der weiten, am Knie durch ein Band geschlossenen Hose gedeckt; diese letztere ist stets von schwarzem Plüsch, mit Tressen von violetter Seide an Bund und Taschen verziert, sowie auch mit gemusterten silbernen Knöpfen verschiedener Größe. Die Strümpfe sind immer violett, die hohen Bindeschuhe von schwarzem Leder. Das Halstuch ist von schwarzer oder hochrother Farbe, zum Theil auch bunt gemustert; es wird shawlartig um den Hals gewickelt, so daß der eine Zipfel an der Seite herabhängt. Den Kopf bedeckt der schwarze moderne Cylinder-Filzhut. In der Sonntagstracht sind einige Abweichungen in Jacke und Weste, das Uebrige ist unverändert; die Festtagsjacke ist länger, als jene am Wochentage, häufig von farbigem Tuch mit seidenen Litzen derselben Farbe gestickt und mit silbernen, halbkugelförmigen Knöpfen besetzt. Am Rückentheil ist der Anfang des kurzen Schooßes durch eine genähte Querfalte bezeichnet und fällt der Schooß in drei abgeschlossenen Theilen von da herab. Die Weste ist im großen Staat von carmoisinrothem Tuch mit flachen, gemusterten silbernen Knöpfen in zwei Reihen.

Die Frauen und Mädchen tragen größtentheils Röcke von rothbrauner Wolle und schwarz oder grün besetzt. Der Rock ist unterhalb des Gürtels in enge Falten genäht, von wo er in breiterer Faltenlage bis zur Mitte der Wade reicht. Die Brust deckt zunächst ein Latz, von Goldstoff am oberen Theil, von Sammet oder Damast an der unteren Hälfte, mit farbiger oder Metallstickerei verziert, dessen Seitenränder durch ein Mieder umschlossen werden, welches an Wochentagen von dunkelblauem, grünem oder schwarzem Tuch, an Festtagen von farbig geblümtem Sammet ist. Längs der Brust ist das Mieder weit ausgeschnitten und durch eine Reihe silberner Ketten, mit reichen Schlössern an beiden Seiten, quer über der Brust zusammengehalten. Durch diese Ketten werden häufig die Zipfel des Halstuches gezogen, welches dreizipfelig gelegt wie ein Shawl den Hals umgiebt. Perlenketten umgeben außerdem dicht die Rundung des Halses. Ein farbiger Sammetgürtel, welcher vorn zugehakt wird und am Rückentheil mit Metall gestickt ist, macht den Abschluß zwischen der Bekleidung des Ober- und Unterkörpers. Im Hause werden die langen weißen Hemdärmel, welche aus dem Mieder hervortreten, umgeschlagen; im vollständigen Anzug aber deckt eine Jacke mit langen Aermeln Mieder und Arme, und läßt nur den Unterlatz mit den darauf liegenden Ketten zur Ansicht kommen. Gewöhnlich ist diese Jacke von hellem blaugrünem Kattun mit weißen Blümchen, und am Aermelabschluß carmoisinroth besetzt, an Festtagen hingegen von farbigem Tuch mit schwarzer Seide eingefaßt und an den Aermeln durch Blumenstickerei verziert. Die Schürze ist ähnlich wie der Rock, nach dem oberen Theil entweder in enge Falten abgenäht oder durch ein breites Stück gerippter Seide glatt anliegend gemacht, von wo dann wie bei dem Rocke die weiten Falten nach unten gehen; durch beide Stücke der Bekleidung wird die Figur so schlank, daß sie nicht immer den Beifall weiblicher Beschauer sich erwirbt. Die Schürze ist an Markttagen von dunkelblauem oder blaustreifigem Kattun mit carmoisinfarbigem Bunde, am Gürtel und an den Ecken des abgenähten Theiles in dieser Farbe mit den Anfangsbuchstaben des Namens geziert. Der Sonntag macht auch bei der Schürze sein Vorrecht geltend, und sie ist dann im oberen Theil von schwarzer Seide, mit Goldstickerei auf brauner Seide und gestickten Rosenzweigen. Die Strümpfe sind wie bei den Männern immer von violetter Färbung, die Schuhe weit ausgeschnitten und von schwarzem Leder. Wir kommen endlich zu dem eigenthümlichsten Theile ihrer Bekleidung, zur Kopftracht. Den Kopf bedeckt ein gesticktes oder nur von dunkelroth gemustertem Kattun gefertigtes Mützchen; es ist mit schwarzer stumpfer Seide besetzt und durch ebensolche Bänder am Kinn befestigt. Im Nacken befinden sich zwei Schleifen mit ausgezackten herabhängenden Bändern, welche durch Amidam und Gummi gesteift und durch ein besonderes Verfahren in vertieft liegende Streifen gezwängt sind. Durch die Mütze wird nur ein sehr geringer Theil des zurückgestrichenen Haares sichtbar, um so mehr entschädigt sich dieser Verlust durch vom Nacken lang herabhängende Zöpfe, deren Enden durch farbige gemusterte Seidenbänder gebunden werden. Gewöhnlich sind diese aufgewickelt, im vollen Staat aber hängen sie bis zum Ende des Rockes herab. Ueber die Mütze setzt die Vierländerin schließlich den Strohhut, dessen Kopf vertieft unter der dachförmigen Krempe liegt. Ein zwischen Krempe und Kopf durchgezogenes schwarzseidenes Band geht quer über den Kopf und seine Enden dienen dazu, den Hut unter dem Kinn zu befestigen. Der innere Theil der Krempe ist durch strahlenförmig auslaufende Streifen von schwarz und grünem Bande verziert.

6

Vierlande.

Mecklenburg.

(Tafel 7.)

In seinen Volkstrachten hat Mecklenburg nur noch wenige Zeichen von Originalität aufzuweisen. Am entschiedensten ist diese bei den Frauen des Fürstenthums Ratzeburg geblieben. Ihre dickwollenen, fast zottigen Röcke von schwarzer Farbe, welche in gewöhnlicher Länge bis zum Knöchel reichen, sind sowohl am unteren Saum, sowie auch an dem Brust und Rücken umschließenden Mieder mit einer Borte von Goldstoff und bunter Zeichnung besetzt. Das Busentuch von rothbuntem Kattun ist in einem Maße mit Goldflittern in Mustern bedeckt, daß von dem blumigen Untergrund kaum noch etwas sichtbar bleibt, und das Tuch erlangt dadurch eine Steifheit in der Form, die jede Falte unmöglich macht. Oberhalb des Brusttuches tritt eine aufrechtstehende Fraise heraus und ein kleines buntes Tuch umschließt den Hals, oder es wird auch statt der Fraise ein gestickter, flachanliegender Kragen getragen. Die weiten langen Hemdärmel endigen am Handgelenk entweder offen mit einem Besatz von weißen Kanten oder sind durch eine Prise (Bündchen, Manschette) geschlossen. Ein Kamisol von schwarzer Wolle kommt außerhalb des Hauses zur Anwendung und ist durch denselben Besatz geziert wie das Mieder. Die Schürze ist von schwarzer Seide, oft mit eingewebten Atlasstreifen, häufig am Saum farbig eingefaßt und meistens so lang wie der Rock; sie wird entweder mit zwei seidenen Schnüren gebunden, die in Quasten endigend an der linken Seite herabhängen, oder durch buntverzierte Knöpfe am Rücken geschlossen. Die Hauben sind ebenfalls zweifacher Art. So sah ich hochrothe Damasthauben mit lang herabhängenden Bändern derselben Farbe, auf einem Mützchen von reicher Weißstickerei, welches im vorderen Theil den Scheitel gewölbt umschloß, so daß das Haar dadurch völlig bedeckt, nur am Nacken sichtbar wurde, wo es chignonartig vom Wirbel herabhing. Andere trugen wieder Goldstoffdeckel mit weißem Kantenbesatz, im Nacken in kleine Falten gebrannt, am vorderen Theile zurückgeschlagen; hier war das gescheitelte Haar bis zur Hälfte des Oberkopfes unbedeckt. Beide Arten von Hauben wurden am Kinn mit buntgemustertem Seidenband gebunden. Zu dieser Festtagstracht gehören schließlich noch weiße Strümpfe und niedrige schwarze Lederschuhe.

Die Gegend um Schwerin zeigt noch die älteren Männer in kurzen Lederkniehosen mit farbigen Strümpfen, in Kattunweste, Flanelljacke und Tuchrock übereinander, das Haupt mit dem schwarzen Cylinderhut bedeckt; die Frauen in streifigen Röcken von Wolle und bunten Kattunjacken, mehr oder weniger modern in der Form.

Um Rostock tragen die Männer den niedrigen Filzhut von schwarzer Farbe mit Schnüren und Troddeln besetzt, eine kurze Jacke von dunklem Tuch oder streifigem Drillich mit zwei Reihen blanker, halbkugelförmiger Knöpfe oder auch den langen blauen Tuchrock mit modernem Kragen. Ein schwarzes oder dunkelfarbiges dickes Tuch umschließt den Hals, ein Kamisol von schwarzer Wolle mit violettem Besatz und Knöpfen den Oberkörper unter der Jacke; schwarzlederne, sehr weite Beinkleider mit ledernen oder violetten Kniebändern schließen sich an dieses an, und endlich weiße Strümpfe, welche nur eine Hand breit sichtbar, im übrigen von den Stiefeln bedeckt werden.

Die Frauen bedienen sich noch der bunten Haube mit vielen schwarzen Bändern, welche, am Kinn geschlossen, auf Brust und Rücken bis zum Gürtel herabhängen; ein kleines Hütchen von gelblichem Stroh mit schwarzem Bande von äußerst zierlicher Form bedeckt den Scheitel, eine dunkelgemusterte Kattun- oder schwarze Tuchjacke den Oberkörper, und wird diese durch ein buntgemustertes Brusttuch, welches in der Mitte des Rückens gebunden wird, großentheils wieder verhüllt. Die bis zu den Füßen reichenden Röcke sind entweder auch von schwarzer Wolle mit buntem Besatz, wie er um Ratzeburg gebräuchlich ist, oder sie sind von buntstreifiger Wolle mit schwarzem Sammet in Streifen verziert. Die Schürzen von schwarzen Merinos oder buntstreifigem Kattun, weiße Strümpfe, Halbstiefeln oder niedrige Schuhe von Leder sind durchgängig beliebt.

7

Mecklenburg.

Rügen.

Mönchgut.

(Tafel 8.)

Die Mönchguter kennzeichnen sich schon in der äußeren Erscheinung als ein Volk, welches an der See lebt. Die gewöhnliche Tracht des Mannes besteht in einer schwarzen dickwollenen Jacke mit Horn- oder Kokusnußknöpfen, einem Paar weitflatternder und bis unter das Knie reichender Drillichhosen, unter welchen er noch ein zweites Paar, etwas enger, trägt. Die rothstreifige wollene Weste mit zwei Reihen silberner Knöpfe schließt sich über diesem an, während ein Paar hellbraun wollener Strümpfe und schwarzlederner Bindeschuhe nach unten und eine buntgestrickte Zipfelmütze nach oben den Anzug vollenden. Bei der Arbeit ist eine blautuchene Mütze mit Lederschirm sehr gebräuchlich, am Sonntage aber pflegt der Mönchguter den schwarzen Cylinder-Filzhut aufzusetzen, über das gefältelte Hemd ein weißes Halstuch zu binden, welches, von einem buntblumigen Kattunhalstuch bedeckt, nur als Vorstoß sichtbar ist. Bei der Abendmahlsfeier aber legt er über Jacke und Weste den stattlichen schwarzen langen Tuchrock an mit hochstehendem Kragen, schwarzbesponnenen Knöpfen und Litzen von schwarzer Rundschnur. Das obere Halstuch ist alsdann sowie auch die bis beinahe zu den Füßen reichenden Hosen ebenfalls schwarz; hierzu trägt er schwarze Stiefeln oder die üblichen Schuhe mit schwarzwollenen Strümpfen. Als Bräutigam fügt er diesem Anzuge ein weißes gesticktes Halstuch, vorn bis zum Gürtel herabhängend, welches von einem zweiten schwarzseidenen umgeben und zum Theil durch dessen dicke herabhängende Schleifen bedeckt wird, sowie einen Blumenstrauß mit rothseidener Schleife, auf linker Seite getragen, bei.

Die Frauentracht ist besonders charakteristisch in der Kopfbedeckung; ein weißleinenes, mit Zwirnkante besetztes oder von gesticktem Tüll gefertigtes Mützchen bedeckt zunächst den Kopf dergestalt, daß, außer einer Locke über der Stirn, alles Haar, welches das Gesicht umgiebt, verborgen bleibt. Eine kegelförmig dichtgefütterte Mütze von schwarzem Merinos mit schwarzem Seidenstreifen besetzt, welcher im Nacken fächerartig in herabhängenden Bändern endigt, läßt von der weißen Untermütze nur einen Streifen sehen. Den Hals umschließt zunächst ein weiß baumwollenes Untertuch, durch einen farbigen Glasknopf festgehalten; ein buntgedrucktes Kattunhalstuch bedeckt wieder zum größten Theile dasselbe und wird in das Mieder gesteckt, welches von schwarzem Wollenstoff mit einem Latz von bunter Stickerei oder farbigem Schmelz, auch Goldflittern und vielfach bunt geschnürt den Oberkörper umgiebt; die langen bis ans Handgelenk reichenden offenen Hemdärmel genügen im Hause zur Bedeckung der Arme, außer demselben wird aber die schwarzwollene Jacke angezogen, welche, am Rücken ein Schößchen bildend, am Halsausschnitt sowie unten am Aermel mit schwarzem Sammet besetzt ist. Der oft sichtbare Unterrock ist von schwarzem Warb mit drei Finger breiter dunkelblauer Kante, der Oberrock von schwarzem Hausset mit vier Finger breitem, hellblauem Hamburger Band am Saum besetzt. Der letztere ist vorn durch eine etwas kürzere Schürze von buntstreifigem oder geblümtem Kattun gedeckt, welche mit farbigen Bändern vorn gebunden ist. Blaue oder schwarze Strümpfe und Schuhe, denen der Männer ähnlich, aber mit ausgezacktem Leder über dem Spann, beschließen die gewöhnliche Sonntagstracht. Bei weiteren Ausgängen pflegt die Mönchguterin über die kegelförmige Mütze noch einen Strohhut mit bunten Bändern zu stülpen. Die Arbeitstracht kennzeichnet ein weißleinenes Jäckchen und eben solche Schürze. In der Kirche aber muß eine fein leinene gesteppte Schürze, sowie ein dreizipfliges Halstuch von Tüll mit eingestickten Blumen, Sternen 2c., welches über die beiden oben beschriebenen gebunden wird, den Staat bilden, und bei dieser wie bei jeder festlichen Gelegenheit macht sich die Ehefrau von der Jungfrau durch einen über die Mütze gebundenen schwarzseidenen Streifen kenntlich. Ganz absonderlich ist indessen der dickgefütterte steife Mantel, welchen die Frauen beim Abendmahl tragen, der, einem spanischen Mantel nicht unähnlich, aber kürzer als dieser, nur bis unter die Taille reicht; er ist vollständig unbeweglich, selbst die durch Biegung des Körpers nothwendigen Falten sind nicht zufällig, sondern vorher fixirt, und er wird gleich einem Ritterschilde am Oberarm und Ellbogen mit Spangen befestigt. Im Stoff ist er von dicker schwarzer Wolle mit gemustertem Atlasband besetzt. Bei dieser Gelegenheit ist auch eine schwarzwollene Schürze mit schwarzen Seidenbändern gebräuchlich.

Die Braut ziert zunächst ein bunter Blumenkranz, welcher in nach oben sich verjüngender Form auf dem gescheitelten Haar sitzt, und dessen buntseidene Bänderfülle in Schleifen und losen Bändern im Nacken herabflattert. Um den Hals trägt sie ein Perlenhalsband, unter diesem ein buntseidenes Halstuch, welches am Ausschnitt der Jacke von einem bunten Blumenkranze umgeben ist. Ueber der zugehakten Jacke ist ein bunter Hochzeitslatz, mit vielen Blumen geschmückt, angebracht. Die schwarzwollene Schürze endet entweder am Rücken mit vier Finger breitem bunten Bande in einer Schleife, oder wird mit einer blanken Schnalle an der linken Seite befestigt. Ein gesticktes Taschentuch, ein schwarzwollener Rock, blaue Strümpfe, schwarze Schuhe vervollständigen die Hochzeitstracht.

Die Hochzeitsbitterin erscheint in gewöhnlicher Sonntagstracht, führt aber außerdem einen Stab, worauf ein Blumenstrauß, mit vielen seidenen Bändern geschmückt, sich befindet; diese Bänder sind von den jungen Mädchen des Dorfes dazu geschenkt. Der Brautkranz sowie der Blumenschmuck des Halses sind nie eigen, immer nur geliehen.

8

Rügen

Mönchgut.

Pommern.

Der Waitzacker.

(Tafel 9—10.)

Der kleine Bezirk der Umgegend von Pyritz, gewöhnlich als „der Waitzacker“ bezeichnet, ist es namentlich, welcher hinsichtlich eigenthümlicher Sitte und Tracht sich von den übrigen Theilen der Provinz besonders bemerkbar macht. Originell in der Form der Bekleidung, die zum großen Theil aus selbstgefertigten Stoffen besteht, und bei weiblicher Tracht wiederum durch mühsame Handstickereien ausgeschmückt ist, zeigt dieselbe auch zugleich die Wohlhabenheit ihrer Besitzer an.

An den gewöhnlichen Markttagen schon geht der reiche Waitzackersche Bauer im langen blauen Tuchrock mit rothem Futter, Aufschlägen und Rundschnureneinfassung mit großen Thalerknöpfen besetzt; bei Aermeren sind schwarz besponnene gebräuchlich, mit einer dunkelblauen Tuchweste mit silbernen hohen Knöpfen längs der Brust und an den Taschen, schwarzseidenem Halstuch, weißledernen Kniehosen, weißen Strümpfen und ledernen Bindeschuhen oder Stiefeln, bei welchen letzteren durch ein Herabstreifen derselben der Strumpf ebenfalls sichtbar wird. Als Kopfbedeckung trägt er einen breitkrämpigen Hut von schwarzem glatten Filz mit breitem schwarzseidenen Bande, welches im Nacken herabhängt, während die Krämpe durch mehrere am Hutkopf befestigte Schnuren an den Seiten in aufrechtstehender Form gehalten wird. Die untere Seite der Krämpe ist zur Hälfte mit schwarzseidenen Rüschen und Rosetten verziert.

Am Sonntage ist ein schwarzer Cylinderhut von langhaarigem Seidenfilz gebräuchlich, der mit halbseidenem, gemustertem Bande dergestalt vom unteren Theile des Hutkopfes nach der Höhe zu umwickelt ist, daß er dessen Seitenwand in der Rundung vollständig bedeckt und oben in der vorderen Hälfte in breiter Faltenlage endigt. Als Haustracht dient eine Mütze von carmoisinrothem Tuch mit goldenen Borden und Troddel, am Rande mit schwarzem Pelz besetzt. Grüne gestickte Handschuhe sind besonders bei Kirchengängern üblich.

Die Frauen, wenn sie im vollen Staat zur Kirche gehen oder Festlichkeiten beiwohnen, sind namentlich durch den Umfang ihrer Röcke, deren sie elf über einander tragen, sowie auch durch die Buntheit der Stoffe und Stickereien sehr auffallend in der Erscheinung.

Wir beginnen bei ihnen zuerst mit der schwarzseidenen Bändermütze, welche in langen Schleifen am Rücken herabwallt, und durch ein weißgesticktes Tülluntermützchen vom zurückgestrichenen oder nach beiden Seiten gescheitelten Haar getrennt wird. Bei den Mädchen ist diese Haube von kornblumenblauer Seide, die das Kinn umschließenden Bänder von gemustertem farbigen Atlasband und der Boden der Mütze von Silberstickerei auf rothem Grunde. Der obere rothwollne, oft mit feinen grünen Längenstreifen durchwebte und in kleine Falten gelegte Rock, welcher in mächtiger Rundung die Gestalt umgiebt, ist am Saum mit grüner Seide und am äußersten Rande mit schmalem rothseidenen Bande besetzt. An ihn schließt sich zunächst eine Jacke von schwarzem Tuch oder geblümtem Sammet, die an den Aermeln häufig mit grünseidenen Bändern, farbigen Rosetten, vielen Knöpfen und dergleichen verziert ist; in der Hälfte des Unterarms endigen die Aermel in einer weißen gekräuselten Manchette, während von dem die Brust einschließenden Theile der Jacke grünseidene Bänder in Schleifen herabhängen. Brust und Rücken deckt ein rothwollnes Tuch, welches mit Seide und Metallflittern in großblumigen Mustern bestickt ist und dessen doppelte seidne Frangen, zwischen denen sich wieder eine weiße feine Zwirnkante befindet, fast jede Gelegenheit versagen, von dem darunter getragenen Jäckchen Ansicht zu nehmen. Weniger Bemittelten genügen buntblumige Kattuntücher. Dieses dreizipflig gelegte Tuch, welches mit seiner Spitze im Rücken die Taille erreicht, ist auch hier, wie großentheils in Norddeutschland, in strahlenförmig auslaufende Falten zusammengesteckt. Die Schürze, eine Hand breit länger als der Rock, ist häufig von farbigem Damast, mit einzeln stehenden bunten Blumen gestickt und am unteren Saum farbig eingefaßt, oder auch nur von buntem Kattun; die vorn zu beiden Seiten der Schürze herabhängenden Bänder von farbig geblümtem Atlas. Die Strümpfe, meistentheils von hochrother Wolle, auch schwarzer oder dunkelblauer, sind in mühsamer Arbeit, mit den verschiedenartigsten Mustern in langstreifiger Form und farbig gestickt, und durch ein blauseidenes mit Silber eingefaßtes Strumpfband gebunden, welches bei der Kürze des Rockes vollkommen mit den herabhängenden buntblumigen seidnen Schleifen sichtbar wird. Schwarzsammtene Schuhe mit seidenem Besatz oder auch schwarzsammtene Pantoffeln mit farbiger Seide gestickt, bilden die Fußbekleidung, während die Hände durch gestrickte grünwollne und mit bunter Stickerei verzierte Handschuhe bedeckt werden und welche, da sie ohne Finger sind, von der Mittelhand bis zur gekräuselten Aermelmanchette reichen. Eine Busenschleife von blumigem Atlasband, ein gekräuselter weißer Kragen doppelt übereinander, unter diesem ein flacher gestickter Kragen, dicht um den Hals ein Halsband von Bernstein, am Rücken in zwei lang herabhängenden schwarzen Sammetbändern endigend, sowie endlich eine Pelzmuffe mit farbigen Schleifen, die auch am heißesten Augustsonntage ihre Dienste zu leisten hat, und aus welcher ein sehr großes weißes gesticktes Taschentuch nach beiden Seiten heraushängt, sind zur Sonntagstracht unerläßlich.

Auf den Marktplätzen der Städte, welche von diesen Landleuten besucht werden, sieht man die Frauen häufig im langen blautuchenen Mantel mit kleinem stehenden Kragen, von welchem eine dreifache Pelerine herabfällt, die am Saum ausgezackt und mit rother Schnur besetzt ist. Dazu bedienen sie sich auch eines Strohhutes mit schwarzem Sammetband, welchen sie zuweilen, der Sonne halber, vorn über kippen. Die beiden Dörfer Letnin und Britzig, wo die alte Waitzackersche Tracht noch in ihrer Ursprünglichkeit bewahrt wird, haben in der Frauentracht noch außer den genannten Kleidungsstücken die absonderliche Mode beibehalten, daß das Hemd eine Hand breit länger als der Rock unter diesem sichtbar wird.

9
Pommern
Weitzacker.

10

Pommern

Weitzacker.

Littauen.

(Tafel 11—12.)

Die preußischen Littauer, die Bewohner des nördlichen Theiles der Provinz Ostpreußen, gehören mit ihren Brüdern, den russischen Littauern, sowie den besonders in Kurland ansässigen Letten zu einem Volksstamme, welchen man zusammenfassend als den „baltischen" zu bezeichnen pflegt. Wiewohl mit dem slavischen eng verwandt, bildet derselbe seiner Sprache und Nationalität nach doch ein durchaus selbständiges Glied der großen indogermanischen Völkerfamilie, welches sich an Alter jedem anderen Stamme, wie den benachbarten Deutschen und Slaven, ebenbürtig an die Seite stellen darf. Freilich ist das Volksthum der Littauer, welche es wegen ihrer geringen Zahl nicht zu einer politischen Unabhängigkeit zu bringen vermochten, nicht stark genug, um gegen das andringende Deutschthum mit Erfolg seinen ursprünglichen Charakter behaupten zu können. Mehr und mehr zieht sich jährlich die Grenze der littauischen Sprache, deren Kenntniß gegenwärtig fast nur noch in den unteren Schichten der Landbevölkerung fortlebt, in Folge der Germanisirung zurück, und es wird ohne Zweifel die Zeit kommen, wo littauische Literatur und Nationalität nur mehr der Geschichte angehören.

In gleicher Weise wie die Sprache, geht auch die Tracht immer mehr ihrer Auflösung entgegen. In der Bekleidungsweise zeigen sich bei den Littauern der verschiedenen Gegenden mannigfache Unterschiede, und sind deshalb hier nur die besonders charakteristischen ins Auge gefaßt worden; die um Tilsit wohnenden sind viel reicher ausgestattet, als jene in der Gegend um Memel; dies hängt besonders mit ihrer Hausindustrie zusammen, welche im südlichen Littauen in größerer Ausdehnung betrieben wird, denn die Littauerinnen pflegen alle Künste der bäuerlichen Hausfrau, wie nähen, sticken, stricken, klöppeln, und weben die eigenartigsten Muster und Stoffe.

Ein Hauptbekleidungsstück der weiblichen Bevölkerung, welches überall in Littauen getragen wird, wo noch alte Landestracht sich erhalten hat, ist die Marginne, ursprünglich ein länglich viereckiges Stück buntkarrirten Wollstoffes in vorherrschend stumpfrothen Tönungen, welcher würfelförmig durchkreuzt durch feinere bunte Streifen, verschiedenartig angelegt wurde. Früher wurde dieses Tuch um den Leib gewickelt, dann auch dergestalt um den Körper gelegt, daß dasselbe von der linken Schulter herabhängend, den rechten Arm freiließ und gegürtet wurde. Heute hat derselbe Stoff, welcher auch den gleichen Namen führt, die Gestalt eines kurzen, sehr faltenreichen Röckchens angenommen, an welches sich oberhalb ein farbiges oder gesticktes Mieder anschließt. Außer diesem nationalen Kleidungsstück in den roth- und buntgewürfelten oder langstreifigen Mustern werden auch einfarbige Stoffe zum Rocke verwendet, je nach dem Geschmacke Einzelner oder ganzer Dorfgruppen. Neben der dunkelblauen oder grünen Farbe wird braun sehr häufig getragen.

Das blendend weiße Hemd, von welchem der obere Theil vom Miederausschnitt ab, wie auch die langen, weitfaltigen Aermel sichtbar sind, ist am Bündchen der Halsöffnung sowohl, wie an der Achsel und am Handgelenk mit zierlichen Blumenranken und Streifenmustern mehrfarbig gestickt, großentheils in roth, doch kommen diese Stickereien auch in blau oder schwarz vor. Besonders zierlich wirkt die weiße Stickarbeit auf der ungebleichten, gelblichgrauen Leinwand. Zuweilen wird der obere Theil des Hemdes durch ein Tuch von feiner Wolle oder geblümtem Mull gedeckt.

Den vorderen Theil der Marginne deckt die Schürze, deren oft mehrere von Leinen oder Wolle übereinander gebunden werden; die obere ist als Festtracht mit Kanten oder Franzen besetzt und reich gestickt in den eigenartig littauischen Mustern, die sich vielfach an der Tracht wiederholen; oder in Langstreifen verziert mit Verwendung von Goldlahnfaden; oder endlich durch eine den Saum verzierende bunte Blumenborte geschmückt. Am oberen Rande wird die Schürze durch eine Zugschnur faltig zusammengefaßt und diese Befestigung durch einen buntgestickten oder gewirkten Gürtel gedeckt.

Bei vollständigem Anzug trägt die Littauerin im Sommer eine durch Haken oder blanke Knöpfe geschlossene dunkelblaue Tuchjacke mit schmalem, heruntergeklappten Kragen, weitbauschigen Aermeln und kurzem Schößchen, im Winter dagegen einen längeren, mit Lämmerfell gefütterten dunkelblauen Tuchüberrock (Pamusztinis), gewöhnlich bis unter die Kniee reichend, welcher an Rändern und Kragen mit Otterfell besetzt und durch einen reichverzierten Schulterbesatz aus grünen, rothen, gelben, auch goldenen Bandstreifen geschmückt ist. Durch einen buntgewirkten Gürtel mit langen bequasteten Faden wird der Pelzrock zusammengehalten. Diese Bekleidung des Oberkörpers durch Jacke oder Pelz wird am Festtag theilweise durch einen Shawl (Drobule) gedeckt; derselbe ist von weißer Leinwand in verschiedener Länge mit einem etwa 14 cm breiten Streifeneinsatz in der Mitte, von gelbgrauem Leinen, auf welchem in breiten weißen Linien ein charakteristisches littauisches Muster gestickt ist, ähnlich wie wir dies bei Hemden und Schürzen gefunden haben.

Besonders landeseigenthümlich ist das ineinander gewickelte, wollene Frauen-Kopftuch (Moteres) in rothbunten, blumigen oder gewürfelten Mustern; auch ist es von weißem Leinen mit rothen Stickereien oder Franzenbesatz. Diese Kopftracht der Frauen wird auf verschiedene

11
Littauen.

12

Littauen.

Art angelegt, die am allgemeinsten gebräuchliche Anordnung bedeckt das Haar, mit Ausnahme eines kleinen Theils des vorderen Scheitels, vollständig mit einer turbanartig gewickelten Wulst, deren zwei Enden am Nacken herabhängen, oder das dreizipfelig zusammengelegte Tuch bedeckt glatt den Kopf und wird im Nacken geknüpft. Im Winter wird eine besondere Gattung sehr großer, wollener Tücher getragen, die baschlikartig um Kopf, Hals und den oberen Theil der Brust gewickelt und im Nacken zu drei den Rücken deckenden Zipfeln verknüpft werden.

Die Mädchen gehen großentheils ohne Kopftuch oder doch nur in einem solchen von weißer Farbe, deren Wickelung derartig ist, daß der obere Theil des Kopfes unbedeckt bleibt und der mittelste Zipfel nicht wie bei dem Kopftuch der Frauen zusammengewickelt wird, sondern zwischen den seitwärts hängenden beiden Zipfeln am Nacken über den Haarknoten herabhängt. Größere Verbreitung als Mädchentracht findet der mit Bändern verflochtene, rund um den Kopf gelegte Haarkranz, während den vorderen Theil des Scheitels ein diademartig ausgeschnittener farbiger Sammetstreifen deckt, welcher mit Goldflittern ausgeputzt und durch buntseidene Bänder am Nacken festgebunden wird.

Die alte nationale Fuß- und Beinbekleidung, welche jetzt nicht mehr so allgemein ist, besteht in einer Bewickelung der Beine durch Zeuglappen, über welche im Winter von den wohlhabenden Landbewohnern Strümpfe gezogen wurden. Ueber diese legt man die Pareszken an, Schuhe von Lindenbast korbartig geflochten, von welchen Riemen oder Bastbänder ausgehend und um das Bein sich kreuzend bis unter das Knie geschlungen werden und so die Bewickelung festhalten. Doch seit geraumer Zeit ist dies mehr die Tracht des werkthätigen oder des ärmeren Volkes. Schon im vorigen Jahrhundert waren bei Festlichkeiten Zwickelstrümpfe in verschiedenen Farben und schwarze Lederschuhe mit Laschen und hohen Absätzen, sowie einer farbigen Schleife über dem Spann allgemeiner Gebrauch. Jetzt finden wir noch das Gleiche in der Ausstattung, Brautstrümpfe sogar durchweg mit eingestickten Blumenranken verziert. Im Hause bedient man sich auch vielfach der Holzpantoffeln mit Lederkappen.

Die Neigung der Littauerinnen, Alles auszuschmücken, hat sich schließlich auch auf die in allerlei Mustern und Farben gestrickten wollenen Fingerhandschuhe ausgedehnt, auch die an der Seite vom Gürtel herabhängende Tasche von dunklem Tuch ist bestickt, und endlich bildet das weißleinene Taschentuch mit den weißroth gestickten, eckigen Pflanzenornamenten einen hervorragenden Putzgegenstand.

Noch sei des Schmuckes der Raute gedacht, welche in jedem Garten gepflegt wird und nicht nur der Braut zum Kranze vorbehalten bleibt, sondern auch sonst bei allen Gelegenheiten, wo die Littauer eines schmückenden Abzeichens bedürfen, angewendet wird.

In der Männertracht fällt zunächst als charakteristisch auf der Kittel; im Sommer von Leinen, in weißer, grauer, dunkelblauer oder brauner Farbe, im Winter von Wand, einem ebenfalls selbstgefertigten dicken tuchähnlichen Stoffe; dieser Rock wird längs der Brust durch Haken und Oesen geschlossen, der kraus und faltig angesetzte Schooß mit den zwei Schlitztaschen der Vorderseiten fällt bis zum Knie, auch bis unter die Wade. Die glatten Aermel sind mit rothen, spitz zulaufenden Aufschlägen am Handgelenk versehen und ein Gürtel von braunem Leder mit messingenem Schloß hält den Rock über den Hüften zusammen. Dieses Messing-Gürtelschloß, wie auch die rothen Aermelaufschläge sollen ein Vorrecht sein, welches der große Kurfürst den Littauern dereinst für bethätigte Tapferkeit gegen die Schweden verlieh. Der weiße Schafpelz mit der Lederseite nach außen ist bei Männern und Frauen in Gebrauch und entbehrt dann auch nicht der bunten Lederstickerei. Die weiten Beinkleider von Leinen sind am Knie aufgebunden und fallen faltig über die mit braunen, grauen oder dunkelblauen Zeuglappen umwickelten Unterschenkel, um welche, wie schon bei den Frauen erwähnt ist, die Kreuzriemen der Pareszken von Lindenbast gewunden sind.

In den Fischergegenden der Niederung trägt man eine jackenartige Bekleidung für den Oberkörper von rothbuntem Zeug oder blauem Tuch mit Knöpfen besetzt, dazu sehr weite Fischerhosen von grauem, ungebleichten Leinen oder blauem Tuch, am Bund in viele Falten gezogen, und helle Weste mit blanken Knöpfen besetzt.

Die dem Littauer eigenartigste Kopfbedeckung ist die Kapuze, eine Sturmkappe von blauem Tuch, mit einem über der Stirn emporstehenden visirähnlichen Aufschlag von rothem Wollenstoff. Die Kapuze in Verbindung mit der übrigen langen gegürteten Kleidung und den sich kreuzenden Beinriemen erinnert an die ritterlichen Erscheinungen des Mittelalters. Doch nimmt diese Kopfbedeckung durch Zusammenlegen die verschiedenartigsten Formen an. Außer dieser so besonders praktischen Kopfbekleidung wird ein schmalrandiger schwarzer Filzhut getragen oder die schirmlose Pelzmütze von Lämmerfell (Baranka) mit herabhängenden schwarzseidenen Bändern.

Daß der Fischer berufsgemäß sich auch der hohen, das ganze Bein bedeckenden Stiefel bedient, wie im häuslichen Walten die plumpen Holzschuhe in Gebrauch sind, mag das Wissenswerthe der Tracht dieser Gegend beschließen.

Schlesien.

Das Riesengebirge.

(Tafel 13—15.)

Der Tracht eines Volkes ergeht es ähnlich wie dem Farbenüberzug irgend eines Gegenstandes; je mehr daran polirt wird, desto blasser wird das Aussehen, aber in einzelnen nicht erreichbaren Vertiefungen bleibt die Farbe doch unberührt stehen. Die gleichmachende Neuzeit verfährt ganz ebenso mit der guten alten Tracht unserer Bauern, und die von der großen Straße abseitliegenden Gebirgsthäler sind es dann namentlich, die am längsten dieser verblassenden Volksverfeinerung widerstehen.

Diese Wahrnehmung kann man auch in Schlesien machen; die Trachten der Gegend zwischen Fischbach, Landshut und Tannhausen, die also eine Strecke von etwa sechs Meilen einnehmen, sind die originellsten und kleidsamsten im mittleren Theile der Provinz Schlesien geblieben, während das Flachland nur an vereinzelten Stellen noch die Volkstracht erhält. Beschränkt sich auch die Männertracht nur auf allgemein Uebliches, wie es vielfach in Deutschland vorkommt, so bietet doch die Frauentracht und insbesondere die Kopfputze noch Vieles, was diesem Landestheile eigenthümlich und ursprünglich der Vorzeit entstammt ist. Es ist indeß in den obenerwähnten Gegenden so viel Gleichartiges in der Tracht, daß ich glaube sie als zusammengehörig betrachten zu können.

An Werktagen sieht man den schlesischen Bauer gewöhnlich in der kurzen Jacke einhergehen; sie ist von dunkelblauem Tuch, mit besponnenen Knöpfen besetzt und kleinen Schößchen am Rücken versehen, der Kragen ist modern heruntergeschlagen und aus den nach außen angebrachten Taschen hängt das bunte Taschentuch heraus. Für die Weste, welche mit einer

Reihe bunter Metallknöpfe geschlossen wird, sind Damaststoffe, geblümter Sammet und dunkles Tuch gebräuchlich. Das Halstuch von buntem Kattun wird ohne übergeschlagenen Hemdkragen getragen.

Die schwarze oder gelbe Lederhose reicht entweder bis zum Knie oder bedeckt auch das ganze Bein und wird am Knöchel gebunden. Weiße Strümpfe schließen sich an Kniehosen an, die langen Hosen aber werden vom Knie abwärts durch den Stiefel gedeckt. Zum Festkleide dient ein langer Rock von schwarzem oder dunkelblauem Tuch mit Knöpfen in derselben Farbe, seine Schöße reichen beinahe bis zu den Füßen. Er wird zuweilen hinsichtlich seines Zweckes als Kirchentracht „der Gottestischrock" genannt, und in dieser Anwendung sind auch alle übrigen Kleidungsstücke von schwarzer Farbe. Der Hut ist von schwarzem Filz, der Kopf desselben nach oben breit geschwungen; runde Filzhüte und Mützen der verschiedensten Form, letztere meist von dunkelblauem Tuch mit Lederschirm, findet man im täglichen Gebrauch. Die älteren Männer tragen auch dunkle Tuchmützen mit krausem Hundefell besetzt.

Die Bäuerin in Fischbach trägt eine Haube von buntgeblümt seidenem Damast oder Sammet, reich mit Goldspitzen besetzt; der Schirm derselben ist von getolltem Tüll in geschmackvoller Biegung durch Drahtgestelle gehalten. Es erinnert diese Kopfbedeckung noch lebhaft an die kleidsame spätmittelalterliche Frauentracht, und unfehlbar hat sie in jener Zeit ihren Ursprung. An Stelle des Bindebandes hängen vom Schirm der Haube zwei steife Bänder von Krepp oder von schwarzer Kante, an welche Schleifen von buntem Seidenband befestigt sind, auf die Brust herab. Aehnliche Schleifen von breiterem Bande zieren die Haube im Nacken. Der Schirm ist bei dieser Kopfbedeckung gewöhnlich weiß, in Trauer aber schwarz, auch die Kappe ist dann in dieser Farbe, und bei kirchlichen Gelegenheiten, die eine besonders ernste Stimmung hervorrufen sollen, ist die dunkle Kappe ein Ausdruck der Demuth und Trauer.

Bei Tannhausen hat der Schirm dieser Haube eine größere Breite, auch die Biegung desselben ist darum stärker und die steifen Kreppbänder mit den buntseidenen Schleifen fehlen ganz. Die Kappe ist nicht dreitheilig zusammengestellt, wie bei der eben beschriebenen, sondern im Nacken faltig zusammengezogen, in Stoff und Gebrauch der ernsten Farben aber der vorigen gleich.

Ferner wird als Kopfbedeckung die saubere Tracht der weißen „Kammode" namentlich von Mädchen getragen, doch kommt sie auch bei Frauen als Haustracht vor. Der wesentliche und unveränderliche Theil dieser Haube ist eine enganliegende Kappe von buntgemustertem Kattun, der weitere Auspuţ aber macht mannigfache Unterscheidungen. Ich beginne mit der einfachsten Art, wie sie um Landshut getragen wird; ein breites weißes Band ist auf der Höhe des Kopfes quer über die Kappe gezogen und im Nacken in flügelähnlich abstehende Schleifen geschürzt, deren Enden am Rücken herabhängen, während nach vorn ein schmales weißes Band, an beiden Seiten der Kappe befestigt, im Bogen bis unter den Gürtel herabfällt. Diese Bänder, welche von waschbarem Stoff, gewöhnlich von Leinen sind, geben der Haube ein sehr sauberes Ansehen. Bei Fischbach ist die Form im Wesentlichen dieselbe, die flügelähnlichen Bänder sind

13

Preussen (Provinz Schlesien)

Buchwald. Fischbach.

14

Preussen (Provinz Schlesien)

Tannhausen.

15

Preussen (Provinz Schlesien)

Tannhausen.

aber zuweilen am Nacken zusammengesteckt und hängen nicht am Rücken herab, auch fehlt hier das über die Brust hängende Band. In Tannhausen ist die Kappe weiß eingefaßt und diese Einfassung bildet in der vorderen Mitte eine Spitze, welche längs der Stirn herabhängend fast die Nase erreicht. Bei der Sonntagshaube dieser Gattung fällt dann wieder die herabhängende Spitze fort, die Stoffe des Ausputzes sind feiner und luxuriöser. Das breite Haubenband ist mit durchbrochener Stickerei verziert, die Kappe mit Blonden am vorderen Theil eingefaßt und an Stelle eines im Bogen herabhängenden Bandes ist eine Krause von doppelt übereinandergelegten Blonden getreten, die in der Mitte noch durch eine buntseidene Schleife in den Farben der Kappe verziert ist.

Endlich ist als Wetterschutz ein Kiepenhut von gelbem Stroh gebräuchlich. Hier ist er nur einfach ohne jeden Besatz, in anderen Gegenden Mittelschlesiens aber an beiden Seiten mit großen kornblumenblauen Rosetten geziert.

Der Rock von rothem Fries ist mit breitem grünen Bande am Saum besetzt; zuweilen ist der Stoff des Rockes mit schwarzen oder farbigen Längenstreifen durchwebt, wobei jedoch die rothe Farbe immer vorherrschend bleibt; sie ist besonders charakteristisch für die Tracht der Bäuerinnen in Mittelschlesien. Der Rock ist zwar engfaltig, doch nicht von so absonderlicher Art, wie in vielen anderen Theilen Deutschlands; er reicht in größter Kürze bis zum halben Unterschenkel, oft ist er auch etwas länger; ist er aber wie um Tannhausen in anderen Farben und aus halbseidenen, wollenen oder Kattun-Stoffen, dann läßt er eben nur die Füße noch zum Vorschein kommen und ist weitfaltig.

Den Oberkörper deckt ein dunkelblaues Mieder von Tuch; die weißen Hemdärmel in kurzem runden Bausch treten aus ihm hervor. Das bunte Tuch von Kattun oder Seide, welches Brust, Hals und einen Theil des Rückens bedeckt, ist entweder an seinen Zipfeln von dem Bunde der Schürze gehalten oder verschwindet am Mieder.

Die weitfaltige Schürze ist von farbigem Wollenstoff oder von Halbseide in unscheinbaren Mustern und mit einer gefälteten Einfassung. Charakteristischer ist aber die hellgemusterte Leinen- oder Kattunschürze, wie sie meist bei gewöhnlicher Kleidung getragen wird.

Der Spencer, welcher den Oberanzug vollendet, ist um Fischbach mit kurzem Kragen versehen oder statt dessen mit Krausen am Ausschnitt besetzt; auch vertritt eine solche Krause am untern Rande des Spencers die Stelle des Schößchens am Rücken. Die Aermel sind theils eng-, theils weitfaltig; um Tannhausen ist der Kragen ausgezackt und mit bunter Borte besetzt, die Aermel sind hier noch umfangreicher am Oberarm, der Spencer ist außerdem auch länger, endigt in einem Schößchen und ist durch einen Gürtel zusammengehalten. Die dunklen Farben in Wollenstoff sind je dem Alter oder der Gelegenheit angepaßt, sonst aber liebt man die hellen Seiden- oder Halbseidenstoffe.

Die weißen oder blauen Strümpfe sind ohne Verzierungen, die Schuhe ausgeschnitten und von schwarzem Leder oder Sammet, theilweise mit einer Rosette besetzt.

Von Schmuckgegenständen nimmt der echte Ducaten oder in Ermangelung dessen eine silberne Schaumünze, an schwarzer Schnur als Halsband getragen, den ersten Platz ein, es sind aber auch aufgereihte Perlen von Bernstein, Granaten oder Glas ein sehr beliebter Schmuck; durch eine am Rücken herabhängende buntseidene Schleife sind diese Halsketten am Nacken geschlossen.

Schlesien.

Czarnowanz bei Oppeln.

(Tafel 16.)

Von den Oberschlesiern, welche noch eine große Mannigfaltigkeit in der Tracht haben, wie wir dieselbe im Weiteren noch ausführlicher darzustellen gedenken, zeigt uns die vorliegende Tafel die stattliche Mädchentracht aus der Gegend bei Oppeln. Es ist kein Putz, der nur um seiner selbst willen Ansprüche macht, es ist die natürlichste Form der bäuerlichen Bekleidung, aber mit Geschmack und Sorgfalt in den Farben und Stoffen zusammengestellt, und darum eben sehr malerisch.

Der Rock, am oberen Theil in enge Falten gelegt, reicht nur bis zum halben Unterschenkel und läßt auch den darunter getragenen Unterrock bei jeder leichten Bewegung zum Vorschein kommen. Im Stoff sind beide von dicker Wolle; der obere, oft auch von dunkelblauem Tuch, mit schmaler hochrother Einfassung am Saum, über welchem nach geringem Zwischenraum noch ein breiter Streifen von hellblauer Seide den Rock verziert. Der Unterrock (oft wird er bei seiner Eleganz in Farbe und Besatz nur allein und ohne Oberrock getragen), ist von hochrother Farbe mit schmalem grünen Saum, nach oben zackig ausgeschnitten, und mit hellblauem Bandbesatz versehen. Das Mieder pflegt man von dunkelfarbigem Tuch zu machen und mit buntgemustertem Seidenstoff oder mit Gold zu verzieren; es ist weit ausgeschnitten und bildet die nächste Brust- und Rückenbekleidung über dem Hemde, dessen weiße gesteifte Aermel in großem Bausch den Oberarm bedecken; durch ein blaues Bündchen sind die Aermel und der enggekräuselte Spitzenbesatz über dem Ellenbogen zusammengehalten. Ein wollenes Brusttuch von hochrother Farbe, mit bunten Blumen bedruckt, wird über das Mieder gebunden, so, daß zwei übereinander gelegte Zipfel am Rücken herabhängen, die beiden andern, sich vorn kreuzend, durch den Bund der Schürze gehalten werden. Eine enganschließende Jacke mit engen Aermeln von dunkelblauem Tuch, mit zwei Reihen Knöpfen besetzt, ist die bei rauherem Wetter schützende Bekleidung des Oberkörpers. In gleicher Absicht und als Kopfputz wird ein hochrothes Tuch mit bunten Blumen, ähnlich wie das Brusttuch, dreizipfelig über den Kopf genommen und unter dem Kinn geknüpft. Der anmuthigere Schmuck des Kopfes aber sind die breiten Flechten, welche kranzähnlich um denselben gelegt werden. Die Schürze, nur wenig kürzer als der Rock, ist von hellblumigem Kattun verschiedener Farben und wird durch schmale Bänder am Rücken gebunden. Die Strümpfe sind von hellblauer Wolle, mit roth und weißen Zwickeln gestickt, die Fußbekleidung hohe lederne Bindeschuhe.

16

Schlesien

Czarnowanz

Preußen.

Der Spreewald.

(Tafel 17—18.)

Von dem einst so großen Wendenvolk finden sich in Norddeutschland noch viele, aber verstreut lebende Ueberreste; so an der Ostsee, an der Elbmündung, namentlich aber in der Lausitz. Nicht alle von diesen haben alte Sitte, Sprache und Tracht so treu bewahrt, wie gerade diejenigen, welche den Theil der Niederlausitz bewohnen, der unter dem Namen des Spreewaldes ein von unzähligen Spreearmen und Canälen durchzogenes Gebiet bildet. So eigenthümlich wie dies etwa drei Quadratmeilen umfassende wasserreiche Terrain ist auch die Tracht seiner weiblichen Bewohner, die hier wie überall das Volksthümliche in der Kleidung am Längsten bewahren; denn die männliche Bevölkerung der Wenden oder Sorben hat sich auch schon im Aeußeren modernisirt, nur ganz alte Männer sieht man wohl noch in dem weißen Drillichrock, der mit bunter Naht geziert ist und in dieser Farbenzusammenstellung an wendische Tracht erinnert.

Bei der Frauentracht ist das Kopftuch besonders originell, es nimmt in seiner Wickelung über mannigfach gestaltete Pappgestelle ganz verschiedene Formen an, die theilweise die Bewohnerinnen der verschiedenen Ortschaften kennzeichnen. Das im Spreewalde allgemein verbreitete Kopftuch ist von hellem Kattun oder von bedruckter Wolle, und etwa 4 Fuß im Quadrat groß; dreiseitig zusammengelegt fallen zwei über einander treffende Zipfel von der Höhe des Kopfes am Nacken herab, während die andern beiden unter diesen durchgezogen, über dem Scheitel in Schleifen geknüpft werden. Diese einfache Tracht, zu welcher die Spreewälderinnen bei der Wahl vieler lichten Farben gern einem leuchtenden Roth mit bunter Blumenborte den Vorzug geben, ist überaus kleidsam.

In Burg ist eine complicirtere Form als Festtracht sehr beliebt; es bildet das farbig blumige oder weiße Kopftuch durch Wickelung über ein breites Pappgestell eine Art Hörnermütze, welche durch eine breite Fraise von gekräpptem Mull vervollständigt wird, die im Nacken hoch emporstehend wie der altenglische Kragen des 16. Jahrhunderts den Kopf mit seiner breiten Mütze einrahmt.

Die gestickten, weißen Kopftücher, deren Zipfel im Dreieck am Nacken herabfallen, gehören ebenfalls der Festtracht an. Einer dem ähnlichen Form, welche nur in den seitwärts und über den Nacken herabhängenden Zipfeln eine kleine Verschiedenheit zeigt, und bei der Abendmahlstracht aus weißem feinen und reichgestickten Leinenstoff gebildet wird, sei noch hierbei erwähnt.

Im Winter legt man das Kopftuch zum Schutze gegen das Wetter dergestalt, daß es einem Bashlik ähnlich ist und nur Augen, Nase und Mund frei bleiben, und endlich werden auf dem Felde die Kopftücher in der Weise dreizipflig gelegt, daß zwei Zipfel einander deckend am Nacken herabhängen und die andern beiden unter dem Kinn geknüpft werden.

Die Bewohnerinnen von Leede und Leipe tragen zu sonntäglichem Putz eine zierliche Haube von weißem durchzogenen Mull und mit Kanten besetzt; vom Nacken bis zum Kinn geht eine breite, doppelt gelegte Fraise, welche unter dem Kinn durch eine buntseidene Schleife zusammengehalten wird.

Den Oberkörper umschließt ein Mieder von schwarzem Sammet, aus welchem die weißen kurzen Hemdärmel heraustreten, deren mit Kanten besetzter Rand immer umgeschlagen ist. Das gewöhnliche Brusttuch ist von hellfarbigem Kattun oder auch von bedruckter Wolle, jedoch an Festtagen und namentlich bei gewissen Festlichkeiten, wie Hochzeit, Taufe oder Abendmahlsfeier, von feinstem weißen Gewebe und mit Kanten besetzt. Das Brusttuch wird immer in drei Zipfel zusammengelegt, deren einer am Rücken herabfällt, während die andern beiden, durch eine am Mieder befestigte Spange gehalten, unter dem Bund der breiten Schürze verschwinden. Diese ist in Stoff und Farbe dem gleichen Wechsel unterworfen wie das Brusttuch, auch sie ist als ein Stück der Festtracht bei Taufen und Hochzeiten von gesticktem Mull; breit und faltenreich, erreicht sie beinahe den Saum des Rockes.

Der wollene Rock, von verschiedener Länge, ist zunächst des Bundes in enge Falten genäht und fällt dann in breiterer Faltenlage herab. Hierbei ist fast jede Farbe beliebt, doch ist der nationale Rock immer von hochrothem dicken Wollenstoff, zuweilen auch noch mit schmalen grünen oder schwarzen Längenstreifen durchwebt; der Rand ist mit blauer oder grüner Seide besetzt, auch werden schottische Muster zu diesem Besatz gewählt; darin hat fast jede Dorfschaft ihren eigenen Geschmack.

Der Spenzer mit umgeschlagenem Kragen und langen Aermeln ist immer von schwarzem Stoff, gewöhnlich von Tuch oder Kamelot, und vervollständigt die Kirchentracht.

Die Schuhe von Lackleder sind weit ausgeschnitten und ohne jede Verzierung. Die Strümpfe sind einfach weiß.

Sehr originell ist der Trachtengebrauch der Frauen im Spreewalde bei der Trauer, und besonders bei der Beerdigungsfeierlichkeit. Sie haben zwei Arten, die schwarze und die weiße Trauer; die erstere besteht eben darin, daß mit Ausnahme des weißen Brust- und Kopftuches sowie der Strümpfe alles Uebrige in schwarzer Farbe ist, und so beschaffen ist auch die Abendmahlstracht und die bei großen kirchlichen Festen, zum Unterschiede gegen die gewöhnliche sonntägliche Kirchentracht, wo Schürze, Tücher, Bänder und Rock farbig sind.

Die weiße Trauer aber, ein alter Wendenbrauch, besteht außer der vorhin beschriebenen schwarzen Tracht in der Einwickelung in ein etwa 6 Fuß langes und 5 Fuß breites Leinentuch, welches dergestalt die Figur einhüllt, daß nur Gesicht und Hände frei bleiben.

In der Brauttracht hat sich gegen früher Vieles geändert; wie sie uns heute zur Anschauung kommt, ist ein haubenähnlicher Aufsatz von schwarzseidenem Bande, welches flach gelegt den Scheitel bedeckt, und nach hinten in Schleifen gesteckt ist, an die Stelle der Brautkrone getreten. Das Halstuch ist von weißem gestickten Mull, der Spenzer von schwarzem Tuch und an dem Abschluß der Aermel mit weißem Pelz besetzt. Der Rock ist schwarz, die Schürze weiß und nur die verschiedenen Schleifen und Bänder, welche sich hier, sowie an dem Zusammenschluß der breiten gekräuselten Fraise am Kinn befinden, sind bunt.

Die Brautjungfern tragen farbige Röcke und gestickte Tücher, während die Taufpathe dunkle Stoffe wählt.

17

Preussen

Spreewald.

18

Preussen

Spreewald.

Provinz Sachsen.

Dannstedt, im Regierungsbezirk Magdeburg.

(Tafel 19.)

Die Gegend oberhalb des Harzes, zunächst in der Nähe von Halberstadt, hat in der Männertracht dasselbe Gepräge, welches dem Unterharzer eigen ist und was bei diesem schon berührt wurde. Dem Braunschweigischen sich nähernd, gewinnt sie aber mehr das diesem Nachbarlande Eigenthümliche; wie dort sind auch hier die schwarzen oder dunkelblauen Tuchwesten mit den zwei Reihen besponnener Knöpfe und die Wollstrümpfe von derselben Farbe unter den hellen Lederkniehosen sehr beliebt.

Im Vergleich zu der sehr einfachen Tracht des Bauern ist die seiner Gattin viel reicher bedacht. Die Frauen in Dannstedt unterscheiden sich in der Kleidung von den Mädchen insbesondere durch die lange Bänderhaube, welche in ihrer Fülle und Kostbarkeit des Stoffes namentlich bei den reichen Bäuerinnen ein Gegenstand erheblichen Luxus' ist. Sie bildet oberhalb des Wirbels eine Spitze von schwarzer Seide mit einem breiten Bande von schwarzem, zum Theil auch geschlagenem Sammet-Damast oder einfach schwarzer Seide, welches von der Spitze ausgehend das Gesicht einrahmt und unter dem Kinn befestigt bis unter die Brust herabhängt. Im Rücken gesehen fallen von dieser Spitze zwei umgeschlagene und zwei lang herabhängende Bänder bis zu den Füßen und endigen dort in einer troddelartigen Franse. Die Breite des Bandes, sowie die Länge desselben geben seiner Trägerin ein stattliches Ansehen. Der Preis einer solchen Haube soll oft hundert Mark und mehr erreichen.

Das Halsband von dicken goldenen Ketten ist im Nacken mit breitem goldenem Schlosse befestigt; vorn bis auf die Brust herabhängend, endigt es in einem Kreuz. Dieser Schmuck steht in nächster Verbindung mit der Bänderhaube, denn von ihm hängen längs des Rückens, zu beiden Seiten des Schlosses, ebenfalls zwei lange und ebenso breite schwarze Bänder wie bei der Haube (auch von demselben Stoff wie bei dieser) bis zu den Füßen herab, so daß diese beiden Bänder beim ersten Anblick zur Haube zu gehören scheinen.

Den Oberkörper umschließt ein Mieder mit langen engen Aermeln, von dunkelgemustertem Seidenstoff; der Rock, oft von derselben Farbe, doch von anderem Muster, in Seide, endigt in einem Streifen, der gleichfalls von derselben Farbe ein drittes Muster zeigt. Doch ist diese Zusammenstellung auch den verschiedensten Geschmacksrichtungen unterworfen. Oft ist der Streifen so breit, daß er bis über die Hälfte des Rockes hinaufreicht. Ein Tuch von schwarzer Wolle, welches an der Kante mit seidenen Fransen besetzt und übrigens mit buntseidenen Blumen in den auffallendsten Mustern und Farben, sowie mit Gold und Silberflittern bestickt ist, deckt das seidene Mieder auf Brust und Rücken. Ueber diesem größeren Tuch wird noch ein kleineres buntseidenes getragen, welches am Rücken im Zipfel herabfällt. Die Schürze von Seide oder halbseidenem Stoff ist gleichfalls in Kniehöhe mit einer Blumen- oder Blätterborte bestickt. Die Schürzenbänder von anderer Farbe, sehr bunt, endigen in Silberfransen und flattern vorn herab.

Zu diesem Anzug tragen sie blaugraue Strümpfe und Schuhe von schwarzem Leder mit Bändern, welche kreuzweis den Fuß umschlingen.

In Trauer ist diese Tracht durchweg in schwarzer Farbe mit weißen Blumen an den bezeichneten Stellen gebräuchlich.

Jüngere Frauen und Mädchen tragen das Haar in der Mitte gescheitelt, ältere Frauen streichen es nach der Höhe zurück.

Die Mädchentracht ist mit Ausschluß der Bänderhaube, für welche sie sich bei Festlichkeiten mit einem bunten Blumenkranz schmücken, dieselbe, nur sind alle Farben des Anzugs lebhafter.

Der Mantel, welcher hier ebenso wie im Harz gebräuchlich ist, ist von dickem Stoff in blauschwarzer Farbe mit weißen Streifen und weißem Futter; von dem eigentlichen Mantel der Harzerinnen unterscheidet er sich nur durch einen kleinen Kragen von demselben Stoff, welcher überschlagartig in einer Spitze nach hinten und vorn auseinandergehend in zwei Spitzen herabhängt.

19

Provinz Sachsen

Dannstedt.

Altenburg.

(Tafel 20—22.)

Es ist schon oft die Beobachtung gemacht worden, daß alle deutschen Bauern, wenn sie in der Bildung fortschreiten, auch ihrem Aeußeren in der Tracht eine Umwandlung geben. Beides vermögen sie nicht in Einklang zu bringen, sie legen also die Volkstracht ab. Als Ausnahme erscheint uns hiergegen der Altenburger. Wohl keiner seiner Nachbarn pflegt seinen landwirthschaftlichen Beruf sorgsamer, keiner hat mehr Sinn für Literatur und auch Geschmack für Musik, als der altenburgische Bauer; dabei ist er aber unablässig dem alten Herkommen in der Volkstracht treu geblieben, und wenn er auch auf die Dauer den Anforderungen der Neuzeit nicht wird Widerstand zu leisten vermögen, so führt er uns doch gegenwärtig noch immer ein unverkümmertes Bild des alten Volkslebens vor.

Das Absonderlichste ist die Frauentracht, die in ihren wesentlichsten Theilen, Kopftuch und Rock, fast mit egyptischem Schönheitssinn zusammengestellt ist. Noch hat keine Forschung es aufgeklärt, von welcher textilen Beschaffenheit die Stoffe waren, aus denen Isispriesterinnen und vornehme Egypterinnen vor Jahrtausenden ihre Röcke machen ließen, Stoffe, welche elastisch, aufs Genaueste die Körperformen ausprägten; in Altenburg möchte man dies Räthsel für gelöst halten. Die altenburgische Frauentracht ist überhaupt voller Eigensinn. Formen, welche die ganze Welt als schön anerkannt wissen will, verhüllt sie im Uebermaaß, während sie im Gegensatz dazu dem Blick die wunderlichsten Concessionen macht. Lassen wir für alle derartigen Vergleiche die Bilder selbst reden.

Was die Tracht der Männer anbetrifft, so tragen diese über dem Hemd zunächst ein „Brusttuch" von schwarzem Tuch, welches an der linken Seite unter dem Arm mit Häkchen, über der Schulter mit Knöpfen geschlossen ist. Ein Hosenträger von glänzendem Leder kreuzt den Oberkörper der Länge und Breite nach und dient den weiten Beinkleidern von schwarzem rauhen Leder, welche am Knie durch lederne Bänder oder Knöpfe befestigt sind. Um den Hals trägt der Bauer ein schwarzseidenes Tuch, vorn in Schleifen geschlungen. Weiße Strümpfe, welche jedoch sehr häufig von den hohen, engen Stiefeln ganz bedeckt werden, bekleiden die Unterschenkel. Bemerkenswerth ist hierbei, daß die Männer mit großer Sorgfalt diesen Theil des Beines zusammenschnüren, so daß sie dadurch und im Contrast zu den weiten Beinkleidern sehr dünnbeinig erscheinen. Der Kopf ist entweder durch den nationalen kleinen Hut von schwarzem Seidenfilz bedeckt, dessen Krempe über der Stirn herabgeschlagen ist, während der übrige Theil nach der Höhe zu steht, oder sie bedienen sich einer schon modernen Tuchmütze mit Lederschirm. In dieser Tracht, mit den langen weißen und faltigen Hemdärmeln, begegnen wir dem Bauer im Hause oder bei der Feldarbeit; ist er aber vollständig bekleidet, wie er zur Stadt geht, so wird ein kurzer Spenzer von meist olivenbraunem Tuch mit besponnenen Knöpfen und kleinen Schößchen am Rücken darüber gezogen. Bei Festlichkeiten irgend welcher Art, Hochzeiten oder kirchlichen Feierlichkeiten, ist immer ein langer schwarzer Tuchrock gebräuchlich; er schließt sich eng dem Oberkörper an und ist vorn durch dicht aneinandergesetzte besponnene Knöpfe geschlossen. Das Futter ist von grüner dicker Wolle. Bei Reitaufzügen, die entweder dem Landesherrn gelten oder zur Begleitung eines Brautpaars dienen, werden die Schöße des Rocks zur Bequemlichkeit beim Reiten auf dem mit Blumen und Bändern stattlich geputzten Pferde, zurückgehakt, so daß sie die militärische Rockform des vorigen Jahrhunderts annehmen. Nur selten tritt noch der weiße Tuchrock auf; er ist mit schwarzem Sammet an den Aermelaufschlägen besetzt und mit buntem Flanell gefüttert.

Die Frauentracht ist nicht so einfach in der Form, wie die der Männer, doch muß ich im voraus bemerken, daß sie in den Farben auch sehr wenig Auffallendes zeigt. Außer Schwarz, welches vielfache und zum Theil unveränderliche Plätze an dieser Tracht einnimmt, sind auch alle dunklen Farben, wie braun, grau, violet, als Grundton gebräuchlich. Durch diese Dunkelheit der Farben ist die Tracht sehr ernst, nur die originelle Form und die lebhaft bunten Besätze bringen Heiterkeit in das Bild.

Ueber dem ärmellosen Hemde bekleidet eine meist von Kattun gefertigte Jacke den Oberkörper; sie ist mit kurzen Aermeln versehen, welche in anderen Farben und prunkvolleren Stoffen, meist querstreifig gemustert zum häuslichen Putz gehören, und weil nur sie gesehen werden und nicht die Jacke, so heißt das ganze Kleidungsstück: „die Aermel". In der Höhe des Oberarms ist stets in Anfangsbuchstaben der Name der Besitzerin eingestickt. Das Mieder von Wolle, Kattun oder Seide ist im vorderen Theil weit ausgeschnitten und durch einen hineingesteckten und mit farbigen Bändern am Mieder befestigten Latz von ähnlichem Stoff ausgefüllt. Dieser Latz ist auf steife Pappe gezogen und nach den Seiten halbrund umgebogen, in der Höhe deckt er einen Theil des Kinnes, daher bei den Bäuerinnen die stete Gewohnheit, durch Auflegen der Hand auf den oberen Rand des Latzes dem Munde mehr Bequemlichkeit beim Sprechen zu schaffen. Eine breite Schleife von schwarzer Seide mit zwei bis unter den Gürtel reichenden Enden deckt den darunter befindlichen Latz. Ein buntes oder meist schwarzes Halstuch von Seide umschließt dicht den Hals, und die Zipfel des Tuches mit farbiger Stickerei und Franzen fallen über Latz und Schleifen so ausgebreitet, daß diese im oberen Theil oft ganz damit bedeckt sind. Der Unterkörper ist über dem dunkelrothwollenen

Unterrocke dann mit einem Rock der sonderbarsten Form bekleidet; gewöhnlich sind fünf Ellen des Stoffes dazu erforderlich, doch ist derselbe zur Hälfte dergestalt in enge Falten genäht, daß dieses Kleidungsstück tricotartig anschließt und, wo es von der Schürze nicht bedeckt ist, zum indiskreten Verräther aller Formen wird. In der Länge reicht der Rock nicht bis unter das Knie, und wird an der linken vorderen Seite, die glatt und faltenlos ist, also längs des linken Beines, durch Haken geschlossen. Im Stoff ist der Rock bei Festlichkeiten stets von dunkler Seide, die Besätze oberhalb sowie am Saum sind von buntfarbigem Seiden- oder Sammetbande. Außerdem ist Wolle oder Kattun gebräuchlich und sind namentlich die breitstreifigen Stoffe sehr beliebt; die Streifen werden quer genommen. Die dunkelfarbige Schürze von Seide oder Halbseide (im Hause auch von Leinen) ist in breite Falten genäht, sie ist nur wenig länger als der Rock und durch schwarzseidene Bänder gebunden, welche unter dem Aermelband herabflattern. Die Strümpfe sind meistentheils von weißer Baumwolle, außer diesen sind dunkelblau baumwollene oder schwarzwollene gebräuchlich. Unter dem Knie werden sie durch farbige seidene Bänder gebunden. Das nackte Knie selbst ist fast immer sichtbar, die Strümpfe erreichen es nicht ganz von unten, der Rock nicht ganz von oben, und die Deckung, welche die allenfalls etwas längere Schürze geben könnte, wird durch die flatternde Bewegung derselben ungeschehen gemacht. Die Schuhe sind von dunklem, meist schwarzem Sammet oder Tuch, häufig buntblumig gestickt oder von heller Serge mit dunkler Stickerei, den Ausschnitt am Spann ziert eine schwarze Schleife, um den Rand zuweilen eine bunte Borde oder Schnur. Die Schuhe sind ohne Hackenabsätze. Bei schlechtem Wetter ist es auch gebräuchlich, Stiefeln von schwarzem Leder zu tragen; sie reichen bis zur halben Wade und sind am oberen Rande mit schwarzem Sammet besetzt. Außer dem Hause trägt die Bäuerin immer den Spenzer mit weiten Aermeln; am Handgelenk sowie an den stets offen stehenden Aufschlägen ist er farbig besetzt und durch ein breites schwarzseidenes Band über der Brust zusammengehalten; zu beiden Seiten der Schürze hängen die Enden des Bandes herab. Der Spenzer selbst ist, wenn die Trägerin auf feine Bauernmode hält, von demselben Stoff wie der Rock, und zwar von Wolle oder Seide, auch immer dunkel in der Farbe, manchmal mit helleren Streifen. Ebenso sind dann auch die Besätze an Rock, Spenzer, Aermel, Strumpfbändern und Kopftuch von demselben Stück geschnitten; der tägliche Gebrauch nimmt dies indeß nicht so streng. Das Kopftuch vollendet den Anzug; das Haar wird sorgfältig darunter verborgen, und wo es in seiner Fülle noch zu widerspänstig sich dem Zwange nicht fügen will, wird es am Wirbel herausgeschnitten. Das Kopftuch wird durch Zusammenlegen in Falten in eine runde Kappe geformt, vom Nacken aber hängt es bis zum Gürtel herab. Durch zwei quadratische Blätter von Pappe („Steifen") wird dem herabhängenden Theile die Lage gegeben, daß er zunächst des Kopfes wagerecht steht und im rechten Winkel lothrecht herabfällt. Diese Kopfbekleidung ist ein besonderer Gegenstand des Putzes und von Seidenstoff oder Atlas mit mühsamer Metall- und Seidenstickerei. Zum gewöhnlichen Gebrauch ist das Kopftuch von Kattun. Die Braut und ihre jungen Begleiterinnen sind nur an der absonderlichen Festkrone („Hormbt") zu erkennen, das Uebrige ihrer Tracht ist unverändert; das Hormbt dient aber auch bei Gevatterschaften. Es ist dies nämlich ein Aufsatz von erhaben gemusterten Metallscheiben länglich viereckiger Form, welche um einen nach oben sich etwas verjüngenden Cylinder von Pappe befestigt und an den Rändern durch Goldwebereien und Borden ergänzt sind; auch ist er ohne Deckel und im Innern roth gefüttert. Rund herum ist derselbe durch zwei Reihen vergoldeter Blätter, welche auf Knöpfe feinster Silberarbeit befestigt sind, verziert; sie hängen willkürlich und nur dem Gesetz der Schwere folgend herab. An dem, dem Rücken zugekehrten Theile des Hormbt ist eine runde Wulst im Bogen befestigt, so daß an dieser Stelle der ganze Aufsatz um ein Beträchtliches erhöht wird. Diese Wulst ist mit farbig gemustertem Bande von Sammet (roth und grün) überzogen, und nach vorn wie nach der Rückseite, endlich auch unterhalb des Bogens mit kranzähnlichen Gewinden ausgeputzt; bei der Braut sind diese Blumengarnituren stets von Myrthe, bei ihren Begleiterinnen von bunten Blumen. Da das Haar über der Stirn vorher mit einer rothsammetnen Binde „Stirnband" verhüllt ist, so ist die große Nackenschleife oder Rosette von demselben Stoff und außerdem mit grünem Bande eingefaßt und mit Blumen garnirt. Von dieser Rosette hängen längs des Rückens rothseidene, gemusterte Bänder herab. Endlich sind auch ähnliche Bänder über den schimmernden Cylinderaufsatz gezogen und hängen, am Kinn in Schleifen geschürzt, vorn bis zum Gürtel herab. Das Taschentuch, welches sie immer in der Hand tragen, ist entweder sorgfältig in Falten gelegt oder auch nur als Rolle gewickelt. Ein Bouquet mit sauber ausgeschlagenem Papierhalter, statt des früher rundgebundenen Blumenstraußes trägt jetzt die Braut oder die Jungfrau beim Bauernball.

In gleicher Weise bedienen sich auch die Bäuerinnen eines Sonnenschirms von Seide und von der modernsten Form bei ihren Ausgängen, und falls diese zur Stadt führen, auch einer viereckigen gestickten Tasche.

20

Altenburg.

21

Altenburg.

22
Altenburg.

Thüringen.

(Tafel 23—24.)

Die thüringische Männertracht, deren Vertreter jetzt nur noch in der älteren Generation anzutreffen sind, gipfelt hauptsächlich in der Ausstaffirung des Hirten. Bei ihm sieht man wohl noch zuweilen den dreiseitig aufgeschlagenen großen runden Filzhut, den dunkelblauen groben Tuchrock, der wie die Weste mit blinkenden Metallknöpfen besetzt ist; oder der Hirt bedient sich auch in heißer Jahreszeit des Drillich-Kittels. Die kurzen schwarzen Lederhosen, welche am Knie durch eine metallene Schnalle festgehalten werden, sind schon sehr selten geworden, doch sind lederne oder tuchene Gamaschen zu schweren Gebirgsschuhen noch immer in Gebrauch, auch halbhohe Schaftstiefel sind nicht ungewöhnlich. Sein Amt kennzeichnet ein 3—4 Fuß langes, gekrümmtes, bunt angestrichenes Hirtenhorn, das über die Schulter gehängte Ränzel von Leder wie beim Harzer, eine sehr lange Peitsche mit kurzem Stiel und Schmitze von Kuhschwanzhaaren, denen sich noch ein Knotenstock und eine Maserholzpfeife zugesellen.

Der Bauer, wie er gewöhnlich zu Markte geht, trägt ein kurzes blaues leinenes Ueberhemd (Kittel), dazu eine Mütze von Tuch oder Plüsch, breitkrempige oder cylinderförmige Filzhüte und dann über die Schultern eine Fell-Tasche.

Die thüringischen Frauen wenden bei ihrer Tracht die meiste Sorgfalt auf den Kopfputz, der in seiner üppigsten Ausbildung auch häufig zu ganz modernen Kleidern getragen wird. Diese Kopfbedeckungen bestehen nun entweder in sich hochaufthürmenden Aufsätzen, verbunden mit bänderreichen Hauben, mit goldgestickten Deckeln, oder in turbanähnlich geschlungenen Kopftüchern. Diese letztgenannte Gattung ist besonders in und um Ruhla zu Hause, und besteht in einem buntgemusterten Tuch von Kattun, Wolle oder auch wohl Seide, welches als Bund um den Kopf gewickelt, an einer Seite das befranzte Ende herabhängen läßt.

Um Schwarzhausen ist es so geordnet, daß ein dreieckiger Zipfel aus der Mitte des Bundes über den Nacken herunterfällt.

Die Hauben oder Auffätze bestehen immer aus zwei Theilen, aus der Haubenkappe mit dem reichen Deckel und dem vollen, am Rücken herabwallenden Bänderschmuck, — zu dem sich bei Gotha noch zwei oder vier vom Kopf abstehende Querschleifen gesellen, — und ferner aus einem ringartigen Bund, in welchen die Haubenkappe gestülpt oder welcher derselben vorgebunden wird, so, daß dieser aufrechtstehende Bund die Façade des Kopfputzes bildet. Um Gotha besteht derselbe bei der Schleifenhaube aus einem dunkelfarbigen oder schwarzen Tuche, dessen Zipfel mit bunter Borte besetzt, seitwärts vom Gesicht herabhängen; übrigens bietet dieser Bund für die verschiedenartigsten Anordnungen von schwarzen Atlasschleifen mit hochemporstehender Kantenkrause dem ländlichen Schönheitssinn ein reiches Feld. Bei Erfurt namentlich liebt man die breiten Atlasrosetten mit schwarzgefärbten Straußfedern, Schmelzperlenblumen und Kreppschleifen, und um Arnstadt sind wieder die unter dem goldgestickten Deckel herabhängenden schwarzen Damastbänder von so großer Breite, Fülle und Länge, daß sie mantelähnlich am Rücken herabfallen; die Enden dieser Bänder sind mit schwarzer Kante besetzt, wie überhaupt die Staatshaube mit Ausnahme des goldenen Deckels immer schwarz ist.

Auf dem Felde und Markte tragen die Bäuerinnen den Schaubhut von Stroh mit schwarzem, bei Mädchen mit grünem Bande besetzt. Im Innern ist der Hut mit buntfarbigem Kattun gefüttert.

Die übrige Tracht besteht um Ruhla in dunkelgrünen wollenen Röcken mit hellgrünem Besatz, die verhältnißmäßig kurz sind, während im Allgemeinen in Thüringen die langen Röcke vorherrschen. Meist von dunkler Wolle, haben dieselben am untern Rande, ähnlich wie im Harz, einen etwa fußbreiten Streifen von gemustertem Kattun, doch sind auch ganze Kattunröcke gebräuchlich. Ferner trägt man ein dunkelfarbiges Mieder, in welches das Brusttuch von Kattun, Wolle oder Seide gesteckt wird, über dieses ein eng den Hals umschließendes Knüpftuch und eine dunkelfarbige Jacke mit Schößchen. Die Aermel der Jacke sind entweder eng anschließend, oder sie sind auch wohl am Achselstück abgenäht und bilden unterhalb desselben einen Bausch. Die Strümpfe sind theilweise blau mit bunten Zwickeln, theilweise auch nur weiß. Die Schuhe von Leder sind weit ausgeschnitten; sonst aber bedienen sich die Frauen bei der Arbeit der hohen Bindeschuhe. Endlich ist auch noch der Kattunmantel zu erwähnen, den wir mit seinem Pelerinenkragen im Harz bei Nordhausen von Neuem antreffen werden.

23

Thüringen.

24
Thüringen.

Der Harz.

(Tafel 25.)

Bei den Männern ist, neben dem blautuchenen Rock von halbmoderner Form als Sonntagstracht, der hellblauleinene Kittel für den Werktag vorherrschend; letzterer unverändert wie er in den meisten Gegenden Norddeutschlands sich wiederfindet: ohne Kragen, bald in engen, bald in flacheren Faltenlagen vom Ausschnitt des Halses ausgehend, und mit breiter Verzierung von weißer oder dunkelblauer Stickerei am Achselstück. Die schwarzen oder hellen Lederhosen mit Stiefeln bis unter das Knie reichend, dunkelblaue Strümpfe, und über diese Gamaschen von hellem Tuch, von der ganzen oder halben Länge des Unterschenkels, schwarzlederne Gebirgsschuhe mit dicken Sohlen und vielen Nägeln beschlagen, ein runder, schwarzer oder brauner Filzhut mit niedrigem Kopf und breiter Krempe, eine dunkelblaue Mütze von Tuch mit Lederschirm und endlich die mit Pelz besetzte Sammetkappe ist die hier am meisten gebräuchliche Bauerntracht.

Am eigenthümlichsten kleidet sich unter den Bewohnern dieser Gegend immer der Schäfer. Im langen dunkelblauen Tuchrock mit dem brennend rothen Unterfutter und mit gemusterten Messingknöpfen besetzt; um Schulter und Rücken das lederne Ränzel mit vielen Metallbeschlägen, Ringen, Hundekoppeln und dergleichen Dingen, die theils von praktischem Nutzen sind, theils auch nur dazu dienen, seine Würde erkennen zu lassen; in der einen Hand das machthaberische Zeichen, den langen Schäferstab mit eisernem Haken, während die andere sich auf einen mäßig großen Stock stützt; so regiert er seine Heerde, so finden wir ihn neben seiner wandelnden Sommerwohnung, dem „Schäferkarren", welcher Schlafstube und Speisekammer vertritt. Das Uebrige, diese Tracht Vervollständigende finden wir beim Bauern wieder, nur zuweilen vertauscht er den blautuchenen Rock mit einem weißleinenen oder trägt unter einem dieser beiden noch den blauleinenen Kittel.

Die Frauentracht in der Gegend um Wernigerode hat bei großer Einfachheit in Stoff, Farbe und Form dennoch viel Anmuthiges.

Das gescheitelte oder nach der Höhe gestrichene Haar wird am Wirbel von einem schwarzseidenen Häubchen bedeckt, welches bald spitz nach hinten steht, bald flacher am Kopfe anliegt, und dessen lange schwarzseidene Bänder am Rücken, sowie auch unter dem Kinn befestigt, herabhängen.

Für die übrige Bekleidung lieben die Harzerinnen meistens Wolle oder dunkelstreifig und blumig gemusterten Kattun, welcher so nebeneinander gestellt ist, daß in vielen Fällen eine harmonische Farbenwirkung erzielt wird. Ein Kattunrock mit Kattunstreifen anderer Farbe am Saum besetzt und eine Jacke und Schürze desselben Stoffs von dritter und vierter Farbe sind fast immer beisammen. Diese Zusammenstellung ist dennoch wenig auffallend, weil die Stoffe vorherrschend in ernsten Farben gehalten sind.

Die Röcke sind in nicht übermäßiger Faltenfülle und reichen in größter Länge beinahe bis zum Knöchel; sie sind häufig langgestreift und, wie oben erwähnt, am Saum breit besetzt. Die Schürzen sind größtentheils von dunkelbraunem Kattun mit weißen Blümchen (ähnlich der in jeder Wirthschaft bekannten Küchenschürze), doch sind auch hellstreifige oder hellblumige gebräuchlich und bei reicheren Bäuerinnen auch von besserem Stoff. Ein dunkelfarbiges Mieder, aus welchem die weißen Hemdärmel hervorsehen, ist für das Haus üblich, sonst wird über dieses eine glatte Jacke angezogen und darüber wieder ein Kattunbrusttuch dreizipfelig gebunden, dessen zwei Enden vorn von der Schürze bedeckt werden. Ganz eigenthümlich ist außerdem der radförmige Mantel von dickem Stoff, womit sich die Harzerinnen gegen die Rauhigkeit des Wetters schützen und dessen Gebrauch sich auch bis in das benachbarte Flachland, im Regierungsbezirk Magdeburg, ausdehnt. Er ist am häufigsten von schwarzblauer oder trübrother Farbe und mit weißen Streifen, die der Breite nach verschieden sind, so bedeckt, daß der eine Theil der Streifen vom Nacken bis zum Saum lothrecht herabgeht, während von da aus die beiden anderen Theile im schiefen Winkel nach vorn auslaufen.

Um Stollberg bedienen sich die Frauen eines hellen Kattunmantels mit großem Kragen; am Halsausschnitt ist derselbe mit einer Krause, am Kragen und unteren Saum mit einem in Falten gezogenen Besatz desselben Stoffs verziert. Auch trägt man hier statt des schwarzseidenen Häubchens ein Kattunkopftuch, welches als Binde um den Kopf gelegt wird, und dessen Enden im Nacken herabhängen.

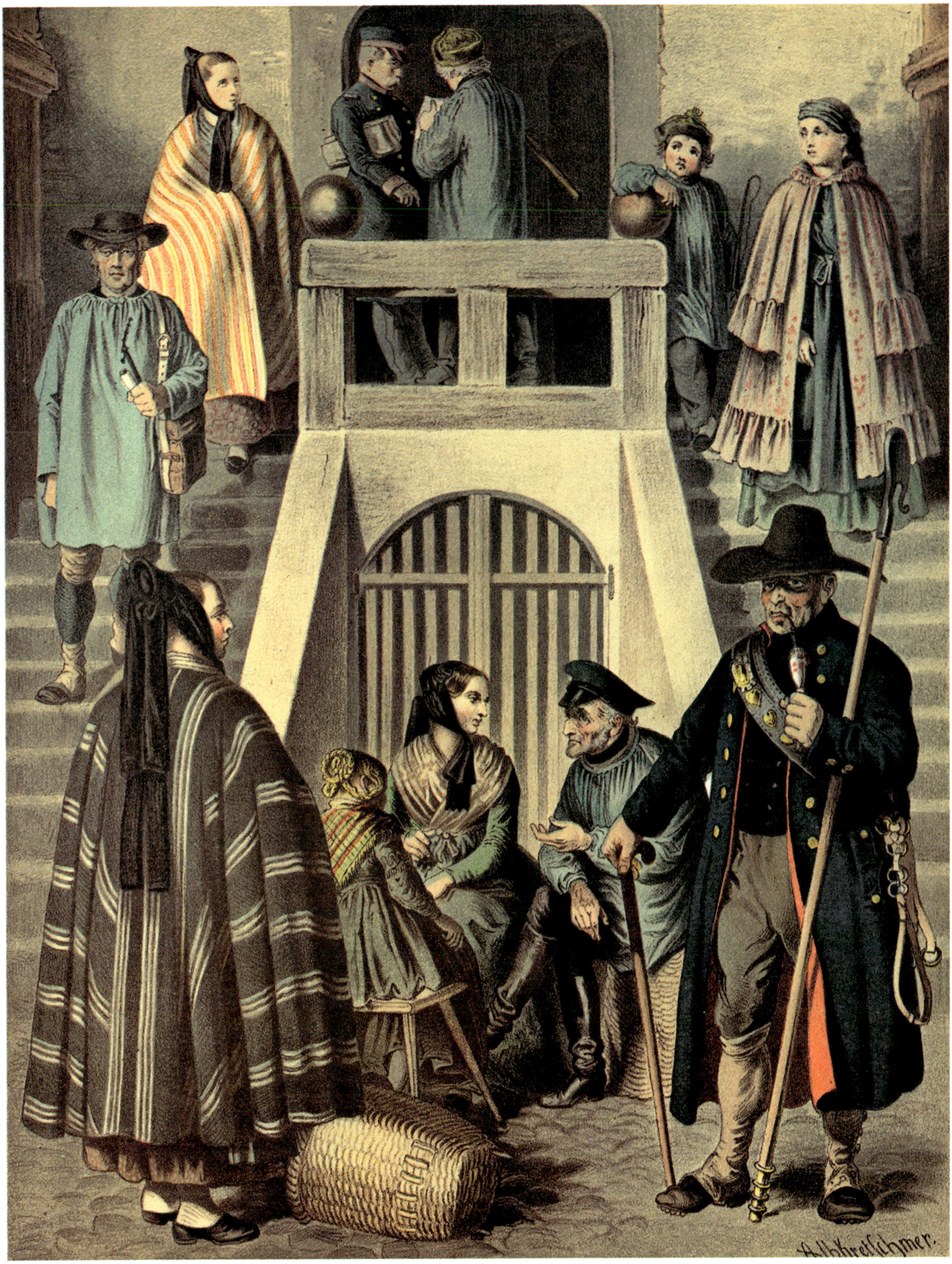

25

Harz.

Braunschweig.

(Tafel 26—27.)

Sobald wir das Braunschweig'sche Gebiet betreten, fällt uns unter den Männertrachten der weiße Rock mit hellrothem Futter ganz besonders auf. Er, so wie der Dreimaster in größter Formenverschiedenheit sind überhaupt charakteristisch für niedersächsische Tracht. Durchstreifen wir das Land in verschiedenen Richtungen, so finden wir gar mancherlei kleine Unterschiede. Bald besteht der Rock aus zwei Schooßtheilen, bald ist er hinten geschlossen; in der einen Gegend liebt man es, ihn mit Taschenpatten zu tragen, in der andern nur mit Schlitzen, die zu den Taschen führen; oft Beides zusammen. Das ganze Aussehen bleibt aber immer dasselbe. In der Länge reicht dieser Rock bis an den halben Unterschenkel; in vielen Ortschaften ist er mit einem kleinen stehenden Kragen versehen, in andern wieder ohne Kragen. Die dicht aneinander gesetzten Knöpfe sind zuweilen aus Messing oder Horn, zuweilen aus Perlmutter gefertigt. Der Rock ist von waschbarem Stoff, von weißem Drillich mit flammend rothem Unterfutter, welches letztere nicht ganz die Länge des Rockes erreicht, so daß am unteren Saum handbreit der weiße Drillich sichtbar bleibt. Ein rother Vorstoß zeichnet sowohl die Aermelaufschläge als auch Kragen und Taschen aus. Im Dorfe Rautheim führt man noch das Abzeichen, daß auf der Höhe der Rockflügel, in der Mitte des Rückens der rothe Vorstoß ein ∧∧ bildet.

Neben ihm steht ebenbürtig als alte Tracht der dunkelblaue oder schwarze Tuchrock von demselben Schnitt und Futter mit silbernen, besponnenen oder Hornknöpfen. Ich fand ihn schon eine Stunde von der Residenz entfernt, so auch in der Nähe der Haidegegend, während der weiße Rock in fast allen Theilen des Landes sich findet.

Eine kurze Tuchjacke, vorn mit Knöpfen besetzt, ist junge Burschentracht.

Eine blaue Flanellschooßjacke trägt auch überhaupt der Bauer im Hause und im Winter unter dem weißen Rock.

Die am häufigsten vorkommende Weste ist von schwarzem Tuch oder geblümtem Sammet mit besponnenen Knöpfen in zwei Reihen, welche unten eng zusammenstehend nach der Höhe des Halses zu auseinander laufen. Rothe Tuchwesten sind beliebte Sonntagstracht und haben gewöhnlich zwei Reihen Metallknöpfe.

Im Dorfe Bortfeld ist bei bejahrten Leuten noch die alte Tracht gebräuchlich und diese kennzeichnet sich besonders durch die eigenthümliche Form der carmoisinrothen Tuchweste, die mehr einem ärmellosen Hemde gleicht und den ganzen Rumpf bedeckt. An der Seite unter den Armen wird diese Weste zugebunden, von den Hüften ab aber durch die weißen Lederhosen gedeckt und hängt in freiem Faltenbausch heraus; vom Hals ab längs der Brust ist die Weste aufgeschnitten und durch halbkugelförmige Messingknöpfe geschlossen; Hemd und Ausschnitt sind mit grünwollenem Bande besetzt.

Das schwarzseidene Halstuch ist am oberen Rande von dem überfallenden, mit Kante besetzten Hemdkragen bedeckt.

Zur Kopfbedeckung dient ein runder breitkrempiger Filzhut von schwarzer Farbe. Der hintere Theil der Krempe ist gewöhnlich zweimal aufgeschlagen, so daß sich vom Nacken aus eine Spitze bildet; sie ist durch Schnuren in dieser aufrechtstehenden Stellung am Hutkopf befestigt, während der vordere Theil breit heruntergeklappt das Gesicht schirmt. Schwarzseidne Bänder umgeben ringförmig und in Schleifen gesteckt den Hutkopf. — Bei den Schäfern der Elmgegend sah ich kleine rundköpfige schwarze Filzhüte, deren Krempe unverändert das fast moderne Aussehn beibehielt. — Dieser entgegengesetzt ist eine dritte Hutform; hier ist die Krempe nach allen Seiten aufgeschlagen, so daß nur die untere Ansicht derselben zu sehen ist, während die obere Ansicht dem Hutkopf zugekehrt diesen zum größten Theil deckt. Ueber der Stirn und im Nacken ist sie dann breitgedrückt und hinten flattern schwarzseidene Bänder herab. Dieser letztere Hut gehört zur alten Tracht der Bortfelder.

Die weitverbreitete farbige Sammetkappe, welche am vorderen Rande breit mit Pelz, an der hinteren Hälfte schmäler besetzt und durch Gold oder Seidenborte und Trobbeln verziert ist, hat auch hier ihre Heimath. Sie ist die nicht feierliche Sonntagsmütze.

Zur Arbeit pflegt der Bauer eine glatte Lederkappe zu tragen, entweder einfach in der Naturfarbe oder schwarz mit farbigen Verzierungen besetzt.

Das Haar wird in einer Länge getragen, daß es den Nacken bedeckt.

Die Schuhe sind von schwarzem Leder mit eben solchen Bändern für den Werktagsgebrauch, mit silbernen breiten Schnallen für den Sonntag. Die Stiefeln, deren sie sich bedienen, reichen bis zum Knie, sind aber so weit herunter gestreift, daß sie noch immer einen kleinen Theil des weißen oder blauen Strumpfes sichtbar werden lassen.

Kurze, bis zur Wade reichende, an den Außenseiten zugeknöpfte Gamaschen von grauer Leinwand sind auch im öfteren Gebrauch.

Die Frauentracht ist ebenso originell als die der Männer. Der rothe Rock mit grünen Streifen am Saum, die spitze schwarze Haube mit langen Bändern und die wagerecht stehende Halskrause sind hauptsächlich Landestracht.

Der Rock ist am Gürtel in ganz enge Falten gelegt und erreicht in der Länge kaum mehr als den halben Unterschenkel. Wo er sich in Stoff und Farbe dem modernen Geschmack zuneigt, ist er länger. In weitester Verbreitung ist er von Farbe roth in den verschiedensten Abstufungen und zuweilen auch gemustert, im Stoff von dicker Wolle. Der Saum ist mit einem oder zwei breiten hellgrün-seidenen Streifen besetzt. Bei den Röcken anderer Färbung ist auch wie hier der Streifenbesatz von scharf abstechender Farbe.

Dem Rock schließt sich ein weit ausgeschnittenes Mieder an, mit Knöpfen bis zum Gürtel geschlossen; es ist entweder von schwarzem Tuch, am Ausschnitt mit einem Besatz von seidenem Bande derselben Farbe, oder es ist von dunkelgemustertem Sammet.

Oberhalb des Ausschnittes vom Mieder deckt das Hemd den Hals, und die Hemdärmel, welche anderseits aus dem Mieder hervortreten, erreichen beinahe den Ellenbogen und sind durch ein verziertes Bündchen faltig zusammengehalten. Zuweilen werden auch die Hemdärmel bis beinahe zum Ellenbogen durch die kurzen Aermel einer farbigen wollenen Unterjacke gedeckt, welche am Abschluß der Aermel mit schwarzem Sammet in ausgeschnittenen Mustern verziert ist.

Ein in drei Zipfel gelegtes Tuch deckt den oberen Theil des Rückens, so wie Schultern und Brust, wo es im Mieder verschwindet. Es ist von farbiger Halbseide mit bunten Blumen oder auch nur von Kattun.

Darüber wird eine in kleine Falten gelegte Halskrause gebunden, die je nach örtlichem Schönheitssinn bald flacher anliegt, bald wagerecht abstehend die Schultern deckt. Auch in der Breite ist sie verschieden. Am oberen Rande, wo die Krause am Halse gebunden wird, schließt sie sich entweder an einen Halsschmuck oder ein kleines dreizipfelig gelegtes Halstuch von Seide oder Kattun an.

Zum vollständigen Anzug gehört eine Jacke mit langen engen Aermeln, die in Stoff und Farbe so verschieden ist, wie der Rock. Mehr die Landestracht bezeichnend ist die Jacke von schwarzem oder doch dunkelfarbigem Tuch mit rothem Futter. Sie ist im Ausschnitt wenig höher als das Mieder und wie dieses mit seidenem Bande besetzt, welches von der Mitte des vorderen Ausschnittes in Schleifen herabhängt. Von den Hüften ab quer über den Rücken bildet sich am unteren Rande der Jacke ein etwa 3 Zoll breiter Schooß mit Einschnitten, je drei Zoll von einander entfernt. Wo von dem kurzen wollenen Rocke abgewichen ist und halbseidene Stoffe bis zu den Füßen reichen, ist auch die Jacke im Stoff dem Rock ähnlich und oft von derselben Farbe.

Die Schürze ist bei älteren Frauen häufig schwarz, bei jüngeren Frauen und Mädchen von weißem, blauem oder hellstreifigem Kattun mit langen Schleifen vorn herunter. Die Festtagsschürze ist von wollenem Damast mit mühsamer bunter Seidenstickerei an den Seitenrändern sowie längs des unteren Saumes, der außerdem durch einen faltigen Besatz abgeschlossen ist. Buntblumige seidene Schleifen hängen vorn vom Gürtel herab.

Die Haube, welche auf glatt zurückgestrichenem Haar den Scheitel deckt, besteht in einer nach oben stehenden Spitze von schwarzem Seidenzeug; von ihr aus gehen die breiten, zum

Theil gemusterten schwarzen seidenen Bänder, welche das Gesicht fest umschließen und vom Kinn bis zum Gürtel lose herabhängen, so wie auch die umgeschlagenen und längs des Rückens herabfallenden Bänder. Letztere sind mit seidenen Franzen besetzt. Diese Bänderverzierung ist immer dieselbe, das Käppchen aber zuweilen größer und in stumpfer Form.

Außerhalb des Hauses und bei der Feldarbeit wird ein gelblicher Strohhut mit kornblumenblauem Bande aufgesetzt.

Als Schmuck ist außer den silbernen Ohrringen das Perlenhalsband gebräuchlich, an welchem die langen, den Rücken herabwallenden Bänder von schwarz gemusterter Seide befestigt sind.

Bei großem Staat trägt die Bäuerin auch hellfarbige lange Handschuhe ohne Finger, welche den Arm bis zum Ellenbogen bedecken.

Die Strümpfe sind weiß oder blau mit weißen Zwickeln. Die Schuhe von schwarzem Leder, weit ausgeschnitten, zuweilen am Ausschnitt mit einem Besatz von gefaltetem schwarzen Besatz.

26

Braunschweig.

27

Braunschweig.

Hannover.

Osnabrück und Umgebungen von Bremen und Hamburg.

(Tafel 5 und 28.)

Die Männertrachten im früheren Königreich Hannover haben nichts Eigenartiges, sondern zeigen nur die allgemein norddeutschen Formen; wo die Tracht noch ursprünglicher ist wie im Amt Gifhorn, wird ihrer noch besonders gedacht. Die verschiedenen Landestheile scheiden die Männertracht nur je nach der Erwerbsthätigkeit; die an den schiffbaren Flüssen gelegenen sind vorherrschend so gehalten, daß man die Umwohner dieses Elements sogleich erkennen kann. Die dunkelblaue Tuchjacke, Weste und lange weite Hose desselben Stoffs und runder Filzhut sind bei ihnen am allgemeinsten, sofern nicht durch ihren Beruf als Schiffer noch manches dem Seemann Aehnliche sich ihnen zugesellt. Der Landmann trägt zuweilen noch die kurze Kniehose und den eckig aufgeschlagenen breitrandigen Filzhut, sowie auch außer der kurzen Jacke oder dem blau-leinenen Ueberhemd einen langen dunkelblauen Tuchrock, Schuhe und Strümpfe. Die langen Pantalons von Tuch oder Leinen sind als Beinbekleidung am gebräuchlichsten.

Die Frauen, welche schon ursprünglich vielseitiger in Erfindung und Ausbildung ihrer Trachten gewesen sind, haben dieselben auch noch fester beibehalten, wenigstens gilt dies von der noch großen Anzahl ihrer Kopftrachten. Ich beginne deshalb mit diesen.

Um Osnabrück ist ein zierliches Häubchen von Goldstoff oder reicher Gold- und Seidenstickerei üblich; es bedeckt zunächst den Wirbel des Kopfes und ist nach hinten mit einer goldenen Zugschnur versehen, ein weißer, in Falten gebrannter Strich ist an der vorderen Seite befestigt und bildet in leichter Biegung, nach der Mitte zu, den Schirm des Häubchens. Zwei farbige Bänder von Seide, welche von den Ecken der Haube ausgehen, befestigen dieselbe, unter dem Kinn in Schleifen geschürzt, und hängen bis zum Gürtel herab. Die schlichtere Art der Haube ist nicht so aufrechtstehend wie die genannte, sondern rundköpfig, gewöhnlich auch von hellgemustertem Kattun mit schwarzer Seide eingefaßt, zuweilen hängen noch zwei ebensolche Bänder in Schleifen am Rücken herab; die Bänder zum Befestigen sind wie bei der vorigen Haube. Eine dritte Art ist im Kopf halbkugelförmig, von schwarzem, auch farbigem Seidenstoff und zum größten Theil mit schwarzer Kante in enggebrannten Falten schirmartig besetzt, neben welchen ein schwarzseidenes Band den Kopf der Haube umgiebt und in Schleifen vom Nacken herabhängt. Das Haar ist über der Stirn gescheitelt und im Nacken meistentheils als Chignon zurückgelegt.

Der hauptsächliche Anzug ist ein Kleid, welches bis zu den Knöcheln reicht, und enge oder halbweite Aermel bedecken die Arme bis zum Handgelenk. Es ist von Wolle und in den verschiedenartigsten Farben und Mustern, zum Theil neueren Geschmacks. Das Brusttuch von Wolle ist schwarz oder farbig mit bunter Blumenborte, es wird durchaus ähnlich dem westphälischen Tuche der Mindener Gegend, am Nacken in strahlenförmig auslaufende Falten zusammengesteckt, während die vorderen Zipfel unter der Schürze verschwinden; den Hals umgiebt oberhalb des Tuches zunächst eine weiße aufrechtstehende Krause, welche sich im Nacken niedrig herabsenkt, und dicht um den Hals ein schwarzes Sammetband, dessen eines Ende vorn herabhängt und als Träger eines goldenen Kreuzes dient, während zwei andere Enden in Schleifen vom Nacken herabfallen.

Von Farbe ist die Schürze sehr verschieden, im Stoffe von Leinen, Wolle, Halbseide. Weiße oder blaue Strümpfe und schwarzlederne ausgeschnittene Schuhe sind die Fußbekleidung.

Die Gegend um Hamburg, welche dieser Stadt täglich ihre ländliche Bevölkerung zuführt, ist einestheils schon in den Vierländern und Altenländern dargestellt worden, ergänzend folgen ihnen nun jetzt die Lüneburger und die anderen Elbanwohner. Sie sind ungleich bescheidener in ihrem Aeußeren wie die Erstgenannten, aber oft nicht minder zierlich und sauber. Die kleinen gelben Strohhüte, welche zum Theil schief nach vorn auf der weißen Haube sitzen, die mit breiter Krause das Gesicht einrahmt, bezeichnen uns die Bewohnerinnen der nächsten Umgebung von Hamburg, aus Billwerder, Wilhelmsburg 2c. Statt dieser Haube von weißem, dünnem Stoff, welche an Kinn und Nacken mit farbig seidenen Bändern geziert ist, sind auch schwarzseidene Käppchen, unter welchen das umgelegte Haar den Nacken bedeckt, je nach der Oertlichkeit stehende Tracht. Eine Schooßjacke von Wolle, schwarz oder farbig, bedeckt den Oberkörper, ein farbiges kleines Tuch schließt sich dem Halse an. Die Röcke von dicker Wolle, in enge Falten gelegt, reichen bis zum Knöchel und sind mit schmalem, gelbem Saum verziert. Die Schürze ist von weißer Leinwand oder farbigem Kattun.

Die Lüneburgerinnen tragen ein Kopftuch von Kattun in streifigen oder quadrirten Mustern, welches dreizipfelig über den Kopf gelegt und unter dem Kinn geknüpft wird. Eine blaugrün-wollene Jacke mit Besatz von schwarzem Sammet bedeckt den Obertheil, nach der Höhe zu wird das Hemd sichtbar, und vom Gürtel ab schließt sich der hellgrün-wollene Rock, bis zu den Knöcheln reichend, dem an. Blaue oder weiße Strümpfe und niedrige Schuhe sind die übliche Fußbekleidung der Bewohnerinnen dieser Gegend.

Bei Bremervörde ist das schwarzseidene Käppchen so geformt, daß die Einfassung des

Bandes den Deckel überragt, die Kinnbänder sind breiter, und auch am Rücken hängen breite Schleifen von der Haube herab. Die Jacke ist ausgeschnitten und von Wolle, ein wollener engfaltiger Rock mit Sammetbesatz, seidene Schürze mit vorn herabhängenden Schleifen, ein wollenes Brusttuch, aus welchem eine weiße Halskrause heraustritt und über demselben ein kleineres, eng anschließendes Halstuch, wollene Strümpfe und niedrige Schuhe von Leder sind der Sonntagsstaat der Bäuerin. Die auf der Tafel dargestellten beiden Figuren sind in der Trauertracht, aber auch außerhalb der Trauer ist schwarz vorherrschende Farbe, nur die Mütze ist bunt und das Brusttuch mit buntblumiger Kante geziert. Der eben so unmoderne als unbäuerliche Strohhut wird mit schwarzem Bande besetzt.

Die Bremer Gegend, in Ober-Neuland und Lilienthal, zeigt uns die eigenthümliche Haubentracht, dessen Käppchen, auf ein kleinstes Maaß zusammengeschrumpft, nur den Wirbel bedeckt, während die daran befestigte weiße Kante als ein Schleier bis über die Augen herabfällt. Das Käppchen ist von schwarzer oder brauner Seide, mit schwarzen Kanten verziert. Unter dem Kinn und längs des Rückens fallen die schwarzseidenen Schleifen herab. Der übrige Anzug besteht aus gewöhnlichem Kattunkleid, Halstuch und wollener Schürze mit seidenen Bändern.

So träumerisch wie diese Kopftracht, so keck ist die des Amts Syke im Hannöverschen, und zwar hauptsächlich durch einen aufrechtstehenden Kamm von Seide mit Kanten besetzt, der auf der vorderen Hälfte des an sich nicht ungewöhnlichen Käppchens quer emporsteht; von Farbe ist Beides schwarz, die breiten seidenen Bänder zum Binden desselben aber lebhaft bunt oder blumig gemustert. Kleine Abweichungen ändern das Aussehen dieser Haube oft; so ist der Deckel, welcher engfaltig zusammengeschoben ist, bald rechtwinklig, bald spitzer gegen den vorderen Haubentheil gestellt, der Kamm theils hoch, theils niedrig. Ein schwarzwollener Rock, bis zum Knöchel gehend, weißleinene oder schwarzwollene Schürze, schwarzwollene Schooßjacke, schwarzes Brusttuch mit bunter Blumenborte und Franzen, weiße Strümpfe und schwarzlederne Schuhe sind dazu gehörig. Das Haar wird wie in Osnabrück gescheitelt und im Nacken zusammengesteckt. Eines eigenthümlichen kurzen Mantels ist unter den Bewohnerinnen der Bremer Gegend noch zu erwähnen. Ich fand ihn von dunkelblau gemustertem Kattun, er reichte nicht viel unter die Hüften und bedeckte Kopf und Hals eng umschließend wie eine Kapuze.

5

Umgebung von Hamburg und Bremen.

28

Hannover

Osnabrück.

Hannover.

Amt Gifhorn.

(Tafel 29.)

In diesem Theile der Provinz Hannover ist die noch erhaltene Volkstracht ähnlich der des benachbarten Braunschweig. Nur daß hier die dunkleren Farben mehr zur Anwendung kommen, als bei jener. Dichte Wollenstoffe (Fünfkamm), welche selbst hergestellt werden, geben das Material zu dem hauptsächlichsten Theile der Kleidung, zum Rock, während alles Uebrige aus Halbseide, Wolle, Sammet oder Kattunstoffen gefertigt ist.

Die Männertracht besteht aus einem langen Rock des genannten Stoffes von schwarzer Farbe, mit rothem Flanell gefüttert und mit silbernen Knöpfen in dichter Reihe besetzt, oder statt dieser auch mit schwarzbesponnenen. Die Weste ist von dunkelblauem Tuch oder schwarzem Sammet mit zwei Reihen schwarzseidener Knöpfe, desgleichen auch das seidene Halstuch häufig in dieser Farbe, zuweilen auch von buntem Kattun. Der weiße, mit Kante besetzte Hemdkragen ist am oberen Rande des Halstuches umgeschlagen. Die Hosen sind entweder von schwarzem Sammet oder von Leder, in letzterem Falle weiß oder schwarz. Sie reichen bis ans Knie und werden durch Bänder unter diesem befestigt. Die Strümpfe sind von schwarzer Wolle, die Schuhe mit silbernen Schnallen geziert; häufiger jedoch werden die bis ans Knie reichenden Stiefeln getragen und dort ein wenig herabgestreift, so daß der Strumpf noch gesehen wird. Der Hut ist von schwarzem Filz mit breiter Krempe, welche nach hinten aufwärtsgeschlagen und zusammengekniffen ist, während der vordere Theil wagerecht stehend das Gesicht schirmt. An der einen Seite befindet sich ein Knopf, von welchem drei schwarze Bänder strahlenartig ausgehen; ein breites Band mit silberner Schnalle umgiebt den Hutkopf und das Ende des Bandes hängt zur Seite herab. Wie diese Männertracht hauptsächlich nur in der Farbenzusammenstellung etwas Eigenthümliches hat, in der Form aber durchaus dem niedersächsischen Trachtengebrauch entspricht, so auch die Tracht der Frauen, welche indeß in der Haube doch etwas Absonderliches behält. Auf dem schwarzseidenen Käppchen, welches in kleinen Falten abgenäht und durch

Kinn- und Rückenbänder von schwarzer, zum Theil gemusterter Seide geziert ist, steht eine Spitze in der Form eines sich nach oben verjüngenden Röhrchens, welches in seiner schrägen Stellung mit dem oberen Ende die Richtung nach hinten nimmt. Die neuere Form der Mütze ist ähnlich der Braunschweigischen und spitzköpfig. Da wir uns in der Form durchaus an das halten können, was schon bei Braunschweigischer Frauentracht sich geltend machte, so genügt es, die Beobachtungen mitzutheilen, welche ich über Stoff und Farbenwahl gemacht habe. Die Röcke sind entweder von Fünfkamm, Halbseide, feinerer Wolle oder Kattun; die dickwollenen oft langstreifig, z. B. schwarz oder grün, mit feinen rothen Längenstreifen und breitem farbigen Saum, oder die Röcke sind nur einfach schwarz. Die Kattunröcke treten in unzähligen gedruckten Mustern auf. Die Jacke mit langen Aermeln ist bei Kattunröcken oft von demselben Stoff, bei wollenen Röcken in einfacher Färbung weiß oder schwarz. Ueber die wagerecht stehende Krause wird das Brusttuch gebunden, dessen vordere Zipfel durch den Bund der Schürze bedeckt werden; die beiden andern sich deckenden Zipfel hängen längs des Rückens herab. Dieses Tuch ist von dunkler Halbseide mit bunter Blumenborte; ein kleineres Knüpftuch von ähnlichem Stoff deckt die dicht um den Hals geschlungene Perlenkette, deren breite Bänder von schwarzer Seide unter dem Brusttuche und am Rücken herabhängen. Die Schürze ist von bunter Halbseide, streifig oder in quadrirten Linien gemustert, oder von Kattun. Schwarze Strümpfe und niedrige schwarze Schuhe von Leder, beim Kirchgange ein weißes Taschentuch mit Kanten besetzt und ein kleiner Blumenstrauß vervollständigen die Tracht.

29

Hannover

Amt Gifhorn.

Hannover.

Das alte Land.

(Tafel 30.)

Dieser Landstrich, in der Hamburger Volkssprache auch das „Kirschenland" genannt, an der Elbe gelegen und von der Lühe durchzogen, hat hinter seinen schützenden Deichen auch viel Eigenthümliches in der Tracht bewahrt. Besonders ist es die Frauentracht der Altenländerinnen, die zu dem bunten Treiben der Hamburger Märkte ein nicht unerhebliches Contingent stellt. Sie ist theilweise ebenso reich als geschmackvoll und wird auch durch die großentheils wohlgebildeten Gestalten ihrer Trägerinnen sehr gehoben. Weniger originell ist die Tracht der Männer, und wo sie überhaupt als Volkstracht nicht schon untergegangen und modern geworden ist, da ist sie der des Elbschiffers, der ja auch besonders hier seßhaft ist, ähnlich und besteht zunächst in einer dunkelblauen Tuchjacke mit besponnenen Knöpfen, einer schwarzen Weste desselben Stoffs und weiten Hosen von schwarzem Sammet. Der Kopf ist durch einen gewöhnlichen schwarzen Cylinder-Filzhut bedeckt. Aeltere Männer sieht man noch in der kurzen Sammetkniehose und dunkelfarbigen Strümpfen.

Bei den Frauen bildet die Kopfbedeckung einen hervorragenden Putz. Ein Mützchen, dessen Stoff aus Gold und farbiger Seide gewirkt ist, mit einer breiten Goldborte besetzt, bedeckt den Oberkopf bis zum Nacken und wird um das Kinn durch breite, gemusterte buntfarbige Seidenbänder befestigt, welche, an der einen Seite des Kopfes in Schleifen geschürzt, von da lang herabwallen. Ein seidenes Kopftuch, zu einer Binde zusammengelegt, wird dann über Stirn und den unteren Theil des Mützchens gebunden, so daß die Zipfel vorn über der Stirn in Knoten geschlungen werden. Das Haar ist dadurch völlig bedeckt und nur im Nacken in wenigen Ausläufen sichtbar. In Farben sind diese Kopftücher ebenso mannigfaltig, wie die Bänder und von einfarbiger, gemusterter und streifiger Seide oder von Kattun. Im Hause besonders von dunklem Kattun, wie auch das darunter getragene Käppchen nur einfarbig ist. Der Sonntagsrock von farbiger Wolle, mit seidenem Besatz am Saum, wechselt in der Woche mit einem einfach dunkelfarbigen, an den sich das Mieder schließt, welches als Feststaat mit einem schimmernden Latz von Goldstoff und bunter Metallstickerei geschmückt ist. Es ist kaum möglich, seine große Pracht zu schätzen, da er oberhalb durch ein buntes Halstuch und eine darauf befestigte kostbare Brosche von Silberfiligranarbeit, nach den Seiten durch die Ueberjacke, nach unten durch die Schürze und außerdem durch einen überhängenden Perlenschmuck, mit breitem silbernen Schloß im Nacken, bedeckt ist. Der Wochentagslatz dagegen ist nur einfach von farbiger Wolle. Die Jacke, welche den Oberkörper bekleidet, ist zum großen Theil von dunkelblauem Tuch, theilweise auch von farbiger Seide; deren Ränder sowohl wie die Aermel, welche nach der Hand zu weiter werden, sind mit Goldtressen besetzt und an letztbezeichneter Stelle mit sechs großen Knöpfen von Silberfiligran verziert. Die Schürze ist am Festtag von schwarzer Seide mit Posamentierbesatz, für den Wochentag von blaugemustertem Kattun; sie ist lang, weit und faltenreich. Das Halstuch, in seiner eigentlichen Gestalt viereckig, wird zu einem dreizipfeligen zusammengelegt, so daß die sich deckenden zwei Zipfel vom Nacken nach hinten herabhängen, während die beiden anderen Zipfel, um den Hals geschlungen, sich im Nacken begegnend, in einen Knoten geschürzt werden und nach beiden Seiten die Achseln decken. Diese Tücher sind von streifigem oder einfachem, aber lebhaft buntem Seidenstoff. Ueber dieses Halstuch wird als Feststaat dann die Perlenkette gelegt. Dazu sind Strümpfe von blauer, lila oder schwarzer Wolle üblich. Die Schuhe von schwarzem Leder sind mit Laschen versehen, welche das ganze Fußblatt bedecken, auf denen dann eine große silberne Schnalle befestigt ist.

30

Hannover

Das alte Land.

Westphalen.

(Tafel 31.)

Der Mindener Kreis führt uns die altsächsische Volkstracht noch so unverändert vor, wie sich dieselbe in seinen hauptsächlichsten Bestandtheilen auch in dem benachbarten Schaumburg erhalten hat. Mit dem niedersächsischen Bauernhause, wo Wohnung, Stallgebäude und Scheune unter einem Dache sind, hat der Westphale dieser Gegend auch die Tracht seines Stammes beibehalten, und diese kennzeichnet sich beim Manne zunächst in dem langen weißleinenen Rocke mit rothem Futter, welcher mit einer Reihe messingener oder silberner, halbkugelförmiger Knöpfe besetzt ist. Die weit flatternden Schöße fangen in der Mitte des Rückens schon an und die Taille ist dadurch bis beinahe unter die Arme gerückt. Den Oberkörper bedeckt nicht wie gewöhnlich nur eine Weste, sondern mehrere, oder Jacken, so daß unter der obersten, am Markttage häufig von weißem Leinen, die dunkelblaue Tuchweste sichtbar wird. Zu den schwarzen Kniehosen von Leder oder Sammet, welche unter dem Knie mit ledernen Riemen und Schnallen und außerdem mit Knöpfen befestigt werden, sind schwarze oder dunkelblaue Wollstrümpfe und darüber kurze weißleinene Gamaschen oder lange, den Unterschenkel bedeckende, von hellbraunem Tuch gebräuchlich. Sie bedecken auch zugleich einen großen Theil der festen Bindeschuhe. Um den Hals wird ein schwarzes Halstuch so reichlich gebunden, daß es denselben wie ein dicker Shawl umgiebt, dessen Zipfel vorn in einem Knoten endigen. Aus dem Halstuche sieht der mit zierlicher Zwirnkante besetzte Hemdkragen hervor. Der breitrandige Hut ist von schwarzem Filz mit breitem seidenen oder Sammet-Bande derselben Farbe, welches, am Hutkopf durch eine silberne Schnalle befestigt, nach hinten herabhängt. Die Krempe wird durch schwarzseidene Schnuren in aufrechtstehende Form gebracht. In dieser vollständigen Tracht sehen wir den Westphalen gewöhnlich außerhalb seiner ländlichen Thätigkeit oder seines bäuerlichen Hofes. Wo der breitkrempige Hut nicht mehr gang und gäbe ist und dem nach innen geschwungenen Cylinderhut von schwarzem Filz Platz gemacht hat, ist dann auch für die Kniehose eine lange weiße an deren Stelle getreten. Im Hause liebt man auch hier die schwarz- oder grünsammetne, mit Pelz und seidener Troddel besetzte Kappe oder die gestrickte Zipfelmütze. Ebenso sind nach Erforderniß die bis ans Knie reichenden Stiefeln gebräuchlich. Eine durchweg in Westphalen gebräuchliche Tracht ist außerdem noch der schlichte blauleinene Kittel; er wird besonders auch in den Theilen der Provinz getragen, wo sonst Volkstracht nicht mehr herrscht, und geht wie überall auch in die Volksschichten über, die nicht zum Bauernstande gehören.

Im Lippe-Schaumburgischen geht der Hochzeitsbitter durchweg in schwarzer Farbe; der Hut wie auch der Rock sind mit Blumensträußen geschmückt, ebenso ein aufrecht getragener Stab, von welchem außerdem noch farbige Tücher und Bänder herabhängen.

Gleich dem weißleinenen Männerrock ist bei den Frauen der hochrothe, in enge Falten gelegte Flanellrock die am meisten verbreitete Tracht, doch sind auch andere Farben, wie carmoisin, grün, schwarz ꝛc. nicht ausgeschlossen. Am unteren Saum ist er gewöhnlich mit einer farbigen Borte geziert; so im Schaumburgischen häufig in kornblumenblauer Farbe oder wie in Westphalen mit farbig gemustertem Sammetband. An den Rock schließt sich das Mieder von dunkelblauem oder schwarzem Tuch, aus welchem im Hause die weißen, bis an den Ellenbogen reichenden Hemdärmel hervortreten. Im vollen Staat aber wird eine dunkelfarbige, häufig schwarze Tuchjacke darüber gezogen, welche in der Brust weit ausgeschnitten ist und lange Aermel bis zum Handgelenk hat oder kurze bis zum Ellenbogen, welche dann noch einen Theil des Hemdärmels wahrnehmen lassen. Der Theil der Jacke, welcher die Brust bedeckt, ist an dieser Stelle mit Knöpfen von farbiger Seide zugeknöpft und hier, sowie auch am unteren Saum und an den Aermeln, mit farbig gemustertem Sammetbande besetzt. Da, wie erwähnt, der Ausschnitt der Jacke sehr weit ist, so geht aus diesem das Brusttuch hervor, welches den ganzen oberen Theil der Brust und die Schultern deckt; dreizipfelig gelegt, hängen zwei Zipfel über einander vom Rücken herab, auf dessen Höhe das Tuch in divergirende Falten gesteckt ist, die beiden anderen Zipfel verschwinden vorn im Mieder. Von Farbe ist das Brusttuch gewöhnlich schwarz mit bunter oder weißer Blumenkante, in Stoff von Halbseide. Ein weißleinenes Untertuch, welches nicht sichtbar wird, dient dazu, eine daran befestigte gestickte oder mit Kanteneinsatz besetzte Krause aus dem oberen Brusttuche wagerecht stehend hervortreten zu lassen. Um den Hals wird ein Schmuck von Bernsteinperlen mit silbernem Schloß getragen, oder ein breites Sammetband, welches mit größeren Perlen von Silber, mit kleineren rothen und goldenen Franzen besetzt ist. Häufig sind diese Bänder auch noch mit Sammetschleifen verziert. Armbänder von schwarzem Sammet, mit der bei der Kleidung schon angewendeten Sammetborte und mit Knöpfen besetzt, umschließen die Unterarme am Handgelenk. Eine schwarze Atlasmütze bedeckt den Theil von der Mitte des Kopfes bis zum Nacken und ist durch schwarzseidene Bänder unter dem Kinn befestigt, von wo dieselben bis zum Gürtel herabhängen. Im Nacken befinden sich an der Mütze, deren Deckel durch Silberstickerei auf rothem Grunde nur wenig verziert ist, ebenso zwei Schleifen mit langen Enden. Eine Binde von schwarzem

Sammet mit Gold- und Perlenstickerei wird schließlich über den noch unbedeckten Theil des Scheitels und über die Seitentheile der Haube im Nacken gebunden, wo sie in zwei herabhängenden Schleifen endigt.

Die Schürze ist von dunkelblauem Kattun mit hellblauem Blumenmuster und der Bund an derselben häufig von gemustertem Sammet, welcher in der Mitte des Rückens zugehakt wird. Blaue Strümpfe, an Festtagen weiß verziert, und schwarze ausgeschnittene Lederschuhe dienen als Fußbekleidung.

31
Westphalen.

Preußen.

An der Mosel.

(Tafel 32.)

Die preußischen Rheinlande sind nur noch spärlich mit eigentlicher Volkstracht versehen. Außer einer kurzen Strecke am Laufe des Stroms ist die Gegend um Wetzlar in der Frauentracht noch eigenthümlich. Diese letztere wollen wir später ins Auge fassen und zunächst die Volkstracht um Coblenz, längs des Rheins bis Andernach und längs der Mosel bis Moselkern, zur Anschauung bringen.

Bei den Männern bildet das blauleinene Ueberhemd die fast ständige Bekleidung des Rumpfes, die älteren Leute tragen auch noch ein Camisol von schwarzem Tuch, mit Schößen und schwarzen Knöpfen, und darunter eine Sammet- oder Tuchweste dunkler Färbung. Sammet- oder Tuchhosen, an den Knien mit Messingschnallen geschlossen, und blauwollene oder schwarze Strümpfe sind die Beinbekleidung. Die hohen Bindeschuhe sind von schwarzem Leder. Auch hellwollene Gamaschen sind im Gebrauch. Der Hals ist durch ein schwarzseidenes Tuch bedeckt, aus dem der weiße Hemdkragen heraustritt, und endlich der Kopf entweder durch eine dunkle Tuchmütze mit Lederschirm, einen runden Filzhut oder einen cylinderförmigen, nach oben breiten schwarzen Hut.

Die Mädchen von der Mosel sind besonders an dem zierlichen Kopfschmuck kenntlich; ein kleines Häubchen ohne Deckel, „Haarkranzmütze“, von farbigem Sammet- oder Seidenstoff mit reicher Seiden- und Metallstickerei, bedeckt den Oberkopf. Am Wirbel sind die breiten Flechten kranzartig umgelegt und hängen bis zum Nacken herunter. Ein breiter metallener Pfeil, mit erhabenen und eingravirten Verzierungen, ist durch die Flechten wagerecht gesteckt und befestigt sie am Kopfe.

Im Uebrigen ist die Tracht modern und besteht aus Kleid, Schürze und Brusttuch.

Auch die älteren Frauen haben diese Tracht bis auf eine Haube von weißem Piqué, mit weißseidenen Schleifen im Nacken garnirt und am Kinn gebunden. Das Haar ist bei ihnen ebenfalls über der Stirn gescheitelt und im Nacken als Chignon zurückgelegt.

32

Preussen

an der Mosel.

Preußen.

Klein-Rechtenbach bei Wetzlar.

(Tafel 33.)

Die mittel- und norddeutschen Gegenden haben da, wo alter Trachtenbrauch nicht mehr herrscht, eine fast gemeinsame Männertracht, und auch die Rheinprovinz schließt sich dem allgemein Ueblichen an. Die Gegend um Wetzlar ist in der Bekleidung der Männer ganz ähnlich wie an der Mosel und bei Coblenz; der blaue Leinenkittel, lange Beinkleider, dunkle Tuchmütze oder runder Filzhut sind auch hier gebräuchlich. Es ist dies der erprobte Anzug, welcher zu allen Geschäften sich brauchbar erwiesen hat; ihm begegnen wir am Rhein, in Hessen, im Harz und überhaupt da in Deutschland, wo in der Tracht die althergebrachten Eigenthümlichkeiten sich verloren haben und eine nur zweckentsprechende Bekleidung an die Stelle getreten ist. Der blauleinene Kittel gleicht in diesen Gegenden viele Stände äußerlich aus, er wird nicht sowohl vom Bauern als auch vom reisenden Handelsmann und vom betriebsamen Handwerker der Stadt häufig getragen, denn in der Bedeckung des Rumpfes beseitigt er jeden kleidlichen Zwang oder ist dem besseren Anzug die schützende Decke vor Staub und Wetter.

Die Frauentracht ist weniger allgemein; in diesem Theile der Rheinprovinz nähert sie sich durchweg der Tracht der benachbarten Wetterau im Großherzogthum Hessen.

Der kurze faltenreiche Rock von dickem Wollenstoff kommt in allen dunklen Färbungen vor und ist am Saume mit einem schmalen, hellfarbig seidenen Bande eingefaßt. An ihn schließt sich oberhalb die Jacke an, mit langen, engen Aermeln. Sie ist wie der Rock von Wollenstoff, aber in anderer, wenngleich auch bescheidener Farbe. An der Brust ist sie mit Schleifen von farbigem und geblümtem Sammetband geschlossen. Ein dreizipfelig zusammengelegtes Tuch von Wolle mit farbigen Streifen und Mustern bedeckt den Hals und oberen Theil der Brust; die beiden breitgelegten Zipfel hängen am Rücken herab, während die anderen, übereinandergelegt, sich vorn in der Jacke verlieren. Die Schürze ist fast immer von dunkelblauer Leinwand und ähnlich wie die Jacke mit vorn herabhängenden, farbig gemusterten Sammetbändern geschmückt. Sie erreicht in der Länge oft den Saum des Rocks. Die Strümpfe sind meistentheils von hellblauer, theilweise auch weißer oder bei Trauer schwarzer Wolle. Die Schuhe von schwarzem Leder sind von einer Sammetborte eingefaßt, von welcher am Spann ebensolche Schleifen durch eine Rosette gehalten, herabhängen. Die spitz zulaufende Haube ist von hellem Kattun und durch doppelt übereinandergelegte Bänder von schwarzer Seide so bedeckt, daß nur ein geringer Theil des Deckels und der Seitentheile sichtbar ist; im Nacken fallen diese Bänder in Schleifen herab, während die an den Seiten befestigten das Gesicht umschließen und am Kinn in Schleifen geknüpft sind.

Bei der Abendmahlsfeier werden Hauben und gestickte Brusttücher in weißer Farbe getragen, der übrige Anzug ist dabei durchweg schwarz.

33

Preussen (Rheinprovinz)

Wetzlar.

Preußen.

Provinz Hessen.

Gegend um Biedenkopf und Marburg.

(Tafel 34—39.)

Die Markttage in Marburg geben durch das bunte Gemisch der verschiedenen Landleute ein höchst charakteristisches und zusammengefaßtes Bild der Volkstracht von Oberhessen. Auch hier fällt in der Mannigfaltigkeit der bei weitem größere Theil den Frauen zu, und besonders ist es die Gegend um Biedenkopf, welche mit großem Eifer sich einer Vielseitigkeit in der Tracht der Frauen beflissen hat, so daß in wenigen Dorfschaften die größte Verschiedenheit herrscht.

Die Männertracht ist dagegen sehr einfach und schmucklos; wenn sie sich vom Althergebrachten auch noch nicht ganz entfernt hat, so ist sie doch mehr auf das Praktische gerichtet. Das Hauptkleidungsstück ist ein bis zum Knie reichender Rock von dunkelblauem Tuch, mit hellblauem oder weißem Futter ohne Kragen, mit breiten Aermelaufschlägen und Taschen. Die Weste von Sammet oder dunkelblauem Tuch ist mit zwei Reihen gelbmetallener Knöpfe besetzt; von denselben Stoffen ist auch die Hose, in einigen Ortschaften auch von weißem Leinen. Sie wird mit vier gelben Knöpfen und einer Schnalle am Knie befestigt. Weiße oder hellblaue Strümpfe, auch dunkelblaue wollene Gamaschen darüber, bedecken die Unterschenkel und schwarzlederne Schuhe mit silbernen Schnallen oder mit Lederbändern dienen zur Fußbekleidung. Um den Hals trägt der Bauer ein schwarzseidenes Halstuch, über dessen Rand der weiße Hemdkragen herausgeschlagen ist. Zur Kopfbedeckung bedient er sich eines breitkrempigen Hutes von schwarzem Filz. Diesen Anzug können wir als Sonntagstracht bezeichnen; an den Werktagen gehen die Landleute am häufigsten im rohleinenen oder blaugefärbten Kittel und mit der gestrickten Zipfelmütze.

Die Frauen des Amtes Biedenkopf müssen wir, da diese allgemeine Bezeichnung der Gegend nicht ausreichen würde, nach den Dörfern benennen, in denen ihre Tracht heimisch ist.

Da ist zunächst die stolzeste Tracht die der Mädchen in Eckelshausen; sie ist ganz absonderlich in der Form der schwarzen Kopfbedeckung, in den ernsten Farben des Anzugs und selbst in der für heutige Sprechweise abnormen Bezeichnung der einzelnen Costümtheile. Die Haube von schwarzem Tuch mit einem helmähnlichen, zum Theil verschieden geformten Auffatz, welcher wie die Kappe mit schwarzen Spitzen reich besetzt ist und nach den Seiten breite schwarzseidene Bänder lose herabflattern läßt, heißt die „Mutsche". Das Haar ist nach der Höhe zu gestrichen und fällt vom Nacken in langen Zöpfen herab. Oberkörper und Arme bedeckt zunächst das weiße Hemd, von welchem im häuslichen Anzuge indeß nichts weiter als die breitfallenden Hemdärmel, „Halstuch" genannt, sichtbar werden; sie erreichen nicht ganz den Ellenbogen des gemeiniglich unbedeckten Armes, nur zuweilen ist dieser noch unter den Hemdärmeln mit einem farbig geblümten Unterärmel bis unter den Ellenbogen bekleidet. Auf der Höhe des Halses werden die breiten Schleifen der Hemdbänder sichtbar und fallen über den bis dahin reichenden dunkelrothen „Büffel", Unterrock. Dieser ist am Armausschnitt, sowie längs der vorderen Seite mit hellgrünem Bande eingefaßt. Ein Mieder von schwarzem Tuch mit schwarzer Sammetborte eingefaßt und am Rücken kreuzähnlich besetzt, bedeckt über diesem Unterrockleibchen den größten Theil des Rückens und die Seiten; durch silberne Schnuren vorn zusammengenestelt, hält es durch diese zugleich den darunter gesteckten schimmernden Latz, „Brusttuch", von schwarzem Sammet mit bunter und Metallstickerei. An das Mieder ist der faltige Rock von schwarzem Beiderwand befestigt; nach vorn, oben offen, so daß vom rothen Unterrock ein Theil wahrnehmbar bleibt, reicht er nur bis unter das Knie, so daß die zum Befestigen der weißen Strümpfe dienenden roth- und grünwollenen, mit Frangen besetzten Bänder, „Hossebändel", zur vollen Geltung kommen. Schwarzlederne hohe Bindeschuhe bekleiden die Füße. Ueber dem Rock wird stets die etwas kürzere Schürze von schwarzem Leinenstoff getragen; das Bündchen derselben von schwarzem gemusterten Sammetbande bildet durch die scheinbare Nachlässigkeit des Herabhängens der Schürze fast einen Halbkreis. Das meist schwarze oder doch dunkelfarbige Halstuch, „Tuch", ist mit bunter Wollenstickerei verziert und wird dreizipfelig umgebunden, die breitgelegten Zipfel bedecken den oberen Theil des Rückens, die schmalen Zipfel sind nach hinten zurückgebunden und verschwinden unter den Falten. Zur Vollständigkeit gehört endlich eine den Oberkörper bedeckende Jacke, „Mutzen", von dunkel gemustertem Kattun; an ihrem unteren Rande ist sie mit einem weißwollenen Streifen besetzt und durch ein Silberschloß verziert, welches nach unten abschließt, sowie viele Schleifen nach oben die Jacke zuhalten.

Die Mädchen im Kindesalter haben, mit Ausnahme der Mütze, denselben Anzug, nur in helleren Farben. Die Mutsche aber ist mehr eine nur den Kopf umschließende Kappe von buntblumigem Sammet, welche durch gekräuseltes seidenes Band von lebhafter Farbe verziert ist. An den Seiten hängen ebenfalls schwarze Bänder herab.

In Dexbach tragen die Frauen auf der Höhe des glattgestrichenen Haares ein kleines, aufrechtstehendes Mützchen, „Stülpe" oder „Kibbel" genannt, welches in farbiger Wolle auf Leinwand gestickt ist und durch schwarze Bänder am Kinn befestigt wird. Der Rock von hellfarbiger Wolle (Bieber) ist immer mit buntseidenem Bande gesäumt, dessen äußerste Kante noch eine andersfarbige Schnur ziert. Das darüber sich anschließende Leibchen ist von dunklem Sammet, meist mit hellen Blümchen bedruckt. Es ist die in Hessen immer wiederkehrende Form des Mieders mit den zwei Reihen blanker Knöpfe, welche am Gürtel einen spitzen Winkel bildend, nach der Höhe zu auseinander laufen, und mit farbig ausgenähten Knopflöchern. Die breiten Schöße des Leibchens, welche unterhalb des Rockes die Hüften bedecken, sind zu deren Verstärkung mit Werg gepolstert. Die Aermel des über dem Leibchen heraustretenden Hemdes sind lang und am Handgelenk offen. Das Halstuch ist gewöhnlich von farbiger Wolle mit bunten Streifen. Die Schürze, von blauem Leinen, auch weißem oder hellstreifigem Stoff, ist durch ein buntblumig halbseidenes Band, welches vorn in Schleifen herabfällt, um die Taille befestigt. Der Halsschmuck besteht in Ketten von silbernen und schwarzen Perlen und ist durch farbige und schwarze, am Nacken herabhängende Bänder geschlossen. Die Jacke oder „Mutze" ist von dunkelem Kattun mit langen, engen Aermeln und ohne wesentliche Ausschmückung als etwa schwarzen Sammetärmelaufschlägen oder einer farbigen Borte am Ausschnitt. Weiße Strümpfe und schwarzlederne ausgeschnittene Schuhe, zuweilen durch eine Bandrosette verziert, bedecken die Füße.

Bei den Frauen in und bei Wallau ist das Stülpchen, welches den hinteren Theil des Kopfes bedeckt und dort einen breit hervorstehenden Teller bildet, immer von weißem Piqué, die Einfassung und die Bindebänder von schwarzer Seide; bei Mädchen aber ist es beständig mit rother Wolle in so dichten Mustern gestickt, daß diese Farbe den Grundton bildend, noch durch weiße eingestickte Blumen verziert wird. Den Oberkörper über Hemd und Mieder von dunkler Wolle bekleidet ein „Mutzen" von dunkelgrünem Tuch mit weiten Aermeln, welche am Handgelenk das umgeschlagene Aermelfutter zeigen; längs der Brust ist der Mutzen durch zwei Reihen buntbesponnener Knöpfe geschlossen. Ein an den Unterrock befestigtes schwarzes Sammetleibchen deckt Rücken und Seiten des Oberkörpers über dem Mutzen und ist vorn durch querlaufende Schnürbänder zusammengehalten. Die Schürze von dunkelblauem Kattun ist durch ein Bündchen von schwarzem blumigen Sammetbande verziert. Der enggefaltete Rock von schwarzem Beiderwand (Schafwolle) reicht nur bis unter das Knie. Die weißen Strümpfe sind unter dem Knie durch grün- und rothwollene Bänder befestigt, von denen viele rothwollene Puscheln in steter Bewegung herabhängen. Die hohen schwarzledernen Bindeschuhe lassen am Abschluß gegen den Strumpf einen Theil der rothledernen Laschen zum Vorschein kommen.

Die Mädchen in Eisenhausen sind in vielen Einzelheiten der Tracht den bisher beschriebenen ähnlich. Das Stülpchen ist kegelförmig und stets von schwarzer Seide; das Tuch, welches den Hals bedeckt, von dunkler Wolle mit bunten Blumen. Ueber dem Hemd bedeckt das „Brusttuch" die Brust. Es ist auf eine steife Pappenunterlage gezogen und mit schwarzem Sammet benäht, der durch farbige Seidenbandeinfassung, Bunt- und Metallstickerei reich ausgestattet ist; durch silberne Bänder, welche das Leibchen von schwarzem Sammet zuschnüren, ist auch das Brusttuch gehalten. Der Rock ist von schwarzem Beiderwand, die Schürze entweder blau, schwarz oder (beim Tanze) weiß. Die übrigen Costümtheile sind den vorhin genannten ähnlich, wie überhaupt Manches in der Tracht als allgemein landesüblich an vielen Stellen sich geltend macht.

So auch in der nächsten Umgebung Marburgs, von der wir zwei Mädchen zur Darstellung bringen. Hier sind die Röcke von ganz derselben Länge wie in Dezbach, von demselben dickwollenen Stoff (Bieber) und ebenfalls dunkel und hellfarbig, zum Theil auch streifig mit buntem Besatz, auch die Schürze in Stoff und Farbe entspricht den genannten. Das Stülpchen aber steht, keck vom Wirbel bis über die Stirn ansteigend und dort eine aufrechte Breitseite bildend, auf der Höhe des aufgestrichenen Haares, welches in kranzähnlichen Flechten um den Kopf gelegt ist; durch die herkömmlichen schwarzen Bänder von gewässerter Seide (Moirée) ist es am Kinn befestigt. Der Rand dieses Mützchens ist von rother oder grüner Seide, das Mützchen selbst in hochrother Wolle mit bunten Verzierungen gestickt; bei Frauen aber ist die ganze Mütze schwarz. Das Leibchen ist von dunklem Kattun mit hellblumiger seidener Borte besetzt; das Halstuch von farbiger Halbseide mit bunten Blumen verliert sich in dem eckigen Ausschnitt der farbig bedruckten wollenen Jacke. Durch Borten und Krausen am Ausschnitt, sowie durch das umgeschlagene buntwollene Futter am Aermel und endlich durch eine buntseidene Busenschleife ist dieselbe verziert. Am Rücken ist die Jacke mit einem kleinen Schößchen versehen. Die Strümpfe sind von weißer Wolle mit meistens schwarzen Zwickeln, nur selten sind noch farbige Verzierungen daran. Die schwarzledernen ausgeschnittenen Schuhe haben schwarze Bandrosetten. Als Halsschmuck liebt man Bernstein und weiße Glasperlenketten mit schwarzem Bänderschmuck, welcher am Nacken herabhängt.

In Kirchhain sind die Hauben von schwarzer Seide mit silbernem Boden, außerdem an den Seiten mit schwarzem Sammet und Silber besetzt. Der übrige Anzug, der keine besondere Gattung vertritt, ist durchweg schwarz, was hier wohl als confessionelles Abzeichen dieses katholischen Theils der weiblichen Bevölkerung gilt.

Churhessen.

An der Schwalm.

(Tafel 34—39.)

In dem hügeligen Oberchurhessen, wo der kleine Fluß die Schwalm sich hindurchschlängelt, finden wir noch ein Stück ächten deutschen Volksthums in den kräftigen frischen Gestalten sowohl, wie in Sitte und Tracht. Unser Zweck verweist uns auf die letztere. Wie sorgsam wird hier die alte Tracht noch gepflegt, und mit wie peinlichem Etiquettenzwang an Hochzeiten, am Probetanz, an der Kirmes und all' dergleichen größeren Festlichkeiten in Anwendung gebracht! Dauert ein Fest mehrere Tage, dann bestehen auch feste Anordnungen, an welchem Tage der Bursche den weißen Rock, an welchem er die blaue Jacke anzieht. Alles hat seine Ordnung, und ohne Jacke in Hemdärmeln zu erscheinen gehört nur fürs Haus.

Der Bursche trägt am Sonntag die grüne oder rothe Kappe von Sammet mit Goldtressen, Schnuren und Troddeln, sowie mit Fischotterpelz breit besetzt. Aus dem schwarzseidenen Halstuche, dessen lange Zipfel vorn herabhängen und durch Gold- und Silberflittern und bunte Seide reich gestickt sind, tritt der weiße gestickte Hemdkragen eng am Halse heraus. Den Oberkörper bekleidet über dem Hemd zunächst eine Weste mit stehendem Kragen, von rothem, auch bunt durchwirkten Merino, mit grünem Plüsch am Saum und dem Umschlag der Weste besetzt, durch goldene, bunt gemusterte Knöpfe und Litzen von blauer Schnur und Posamentierbesatz verziert. Ueber dieser Weste wird eine zweite, etwas längere, von dunkelblauem Tuch getragen, deren Ecken, Taschenpatten und Rückentheil mit blauer Seide in Blumenmustern gestickt ist; jede Seite ist durch eine Reihe gemusterter Bronzeknöpfe geziert. Diese Weste ist ohne Kragen, ebenso die darüber getragene Jacke, welche nur einen Zoll länger und mit Aermeln versehen, übrigens aber in Stoff, Farbe und Schnitt genau wie die blaue Ueberweste gemacht ist.

Die Beinbekleidung besteht in Hosen von weißer Leinwand oder weißem Leder, durch Bänder von ausgezacktem und mit Löchern ausgeschlagenem Leder am Knie befestigt; diese Bänder sind bei ledernen Hosen von Farbe weiß, bei leinenen blauviolet. Die Strümpfe sind von weißer Wolle, mit vielen Mustern in Weißstickerei bedeckt. Die schweren Lederschuhe bedecken den Fuß bis zum Gelenk, sie sind mit Laschen versehen und diese, wo sie gegen den Strumpf abschneiden, mit rothem Leder eingefaßt. Eine große gelbe metallene Schnalle befestigt die zur Seite herabhängenden, mit Löchern ausgeschlagenen Querriemen.

Ueber der Ueberweste trägt der Bursche außerdem bei Festlichkeiten den weißen Drillichrock mit Messingknöpfen; am Werktag häufig das blauleinene Ueberhemd sowie einen kleinen runden schwarzen Filzhut.

Die älteren Männer haben Hüte beträchtlicher Größe mit rundem Kopf und breitem Rande, welcher letztere dreitheilig in die Höhe geschlagen ist; durch einen Knopf mit schwarzen Bändern ist er am Hutknopf befestigt. Der Rock ist von schwarzem Tuch mit einer Reihe besponnener, gemusterter Knöpfe längs der vorderen Oeffnung bis zum Saum, sowie an den Patten, Aermelaufschlägen und am Rücken besetzt und mit hellblauem Wollstoff gefüttert. Die Weste ist ebenfalls hellblau, das Halstuch von schwarzer Seide mit übergeschlagenem Hemdkragen. Die Unterkleidung, als Hosen, Strümpfe, Schuhe, ist wie beim Burschen, wenn nicht zuweilen dunkelblaue Gamaschen von Tuch mit ebensolchen Knöpfen längs der äußeren Seite angelegt werden.

Der Anzug der Frauen ist in den hauptsächlichsten Theilen dunkel, theilweise von selbstgefertigten Stoffen, wie das Leinenzeug und der dicke Stoff von Wolle und Leinen, „Beiderwand", welchen sie zu Röcken verbrauchen. Schwarz ist die vorherrschende Farbe überhaupt der Hessinnen, aber die bunten, oft kostbaren Besätze an Stickereien, Seidenband, Sammet und Wolle geben der Tracht des Mädchens dennoch ein munteres Ansehen; nach der Verheirathung behält es die junge Frau auch noch eine Zeitlang bei, etwa bis zum nächsten Todesfalle in der Familie, dann aber ist ihre Tracht auch für die Folge in den Farben ernster gestimmt.

Das Mützchen, welches auf der Höhe des nach oben gestrichenen Haares sitzt, ist in der Form nach oben schmaler, der Rand ist von rother Seide, der Deckel in farbiger Wolle und Seide auf rothem Grunde gestickt; bei den Frauen ist die Mütze schwarz mit dunkel gesticktem Deckel; durch breite schwarzseidene Bänder ist sie unter dem Kinn befestigt und in Schleifen gelegt, deren Enden bis zur Brust herabfallen und durch reiche Bunt- und Metallstickerei sowie durchbrochene Posamentierarbeit geziert sind. Den Oberkörper deckt ein hohes Leibchen von Wolle oder Sammet in schwarzer Farbe; auf der rechten Seite der Brust wird es durch eine Reihe bunter, verzierter Knöpfe, welche sich vom Gürtel aus im Bogen nach der Höhe ziehen, geschlossen. Ein rother Vorstoß, der das aufgenähte schwarze gemusterte Sammetband begrenzt, auf welchem die Knöpfe stehen, bezeichnet die Seite, wo das Mieder zugeknöpft wird. Die Reihe Knöpfe entgegengesetzter Richtung, durch einen schwarzen Vorstoß bezeichnet, sind nur der Symmetrie wegen da. Die Knopflöcher sind farbig. Die zum Theil weiß gestickten Hemdärmel sind bis zum Ellenbogen aufgestreift.

Der Rock von schwarzem Beiderwand von mäßiger Faltenlage reicht bis zur Wade; er wird indeß durch die Menge der darunter getragenen Röcke, deren vierzehn übereinander kommen, an seinem geraden Herabfallen gehindert und erscheint dadurch kürzer; der Rock sowohl wie die vielen schwarzen Unterröcke sind am Saum mit buntem Seidenband besetzt, und dies allein kommt bei den letzteren zur Geltung. Unterhalb der Röcke tritt das Hemd eine Hand breit vor. Die weiß gestickten Wollstrümpfe sind durch Strumpfbänder von buntem Seidenband befestigt, welche mit Flittern benäht und an dem untern breiten Theil mit freihängenden geschlagenen Metallblättchen in Blumenform oder auch Sonne, Mond und Sterne darstellend, geziert sind. Die Schuhe sind ähnlich denen der Männer mit Laschen und breiten gelben Schnallen versehen, die der Kinder aber ausgeschnitten und durch zwei Riemen auf der Höhe des Fußblattes gebunden.

Die Schürze ist von dunkelblauer Leinwand, in breite Falten genäht und erreicht den Rücken, wo zunächst des Saumes zwei viereckige kostbare Stickereien in Metall mit bunten Flittern auf Seide angebracht sind. Diese Stickerei ist auf steife Pappe geklebt und wird an die Schürze nur beim Festgebrauch genäht oder gesteckt.

Der Schmuck besteht aus einem Halsband von rothen Glasperlen oder Bernstein, welches in mehreren Reihen den Hals dicht umschließt und im Nacken durch ein roth gemustertes Seidenband gebunden wird, dessen Schleifen über dem rothbunten Kattunhalstuch, welches ebenfalls im Nacken gebunden wird, herabhängen. Im Sommer ist eine hellgrüne Merinojacke mit schwarzem Sammet beliebt, sie hat am Rücken ein kleines gefälteltes Schößchen; im Winter wird eine grüne Tuchjacke getragen, ähnlich dem mit Knöpfen besetzten Mieder, nur mit engen Aermeln versehen.

Bei der Hochzeit trägt die Braut, sowie ihre jugendlichen Begleiterinnen einen sehr complicirten, aber unkleidsamen Putz von buntseidenen Bändern, welche auf einem Drahtgestell über dem Kopf in Schleifen geordnet sind, und ebenso in dichtem Wulst von den Hüften herabfallen, an letzterer Stelle durch einen breiten silbernen Gürtel gehalten. Diesen Schmuck nennen sie „Schappel".

Niederchurhessen.

Nenndorf.

(Tafel 34—39.)

Die ehemals churhessische Grafschaft Schaumburg führt uns wieder zu den Niedersachsen, daher auch die große Aehnlichkeit ihrer Tracht mit der ihrer stammverwandten Nachbarn, der Westphalen. Der lange, weißleinene Rock mit kurzer Taille und langen Schößen wird auch hier von den Männern abwechselnd mit einer kurzen Jacke getragen, welche von farbigem Tuch, mit zwei Reihen hoher Metallknöpfe besetzt ist; der Saum der Jacke sowie die Knopflöcher sind immer farbig ausgenäht. Die Weste von dunkelblauem Tuch oder schwarzem Sammet ist ebenfalls mit Metallknöpfen besetzt. Sie ist meistentheils so nach der Höhe geschoben, daß das weiße Hemd zwischen ihr und den schwarzen Lederkniehosen heraustritt. Die Strümpfe sind von brauner oder schwarzer Wolle. Die kurzen Gamaschen von weißer Leinwand, die schwarzen Bindeschuhe von Leder, das schwarzseidene, dicke Halstuch mit dem überstehenden Zwirnkantenkragen des Hemdes, den schwarzen, breitkrempigen Filzhut mit seidenem Bande und silberner Schnalle haben wir schon bei ihren Nachbarn kennen gelernt. Außerdem tragen sie aber eine gestrickte wollene Zipfelmütze in weißer Farbe mit dunkelblauen Verzierungen. Die weite Oeffnung wird umgekrempt und tief über die Stirn gezogen, während der Zipfel oft in mächtiger Größe am Nacken oder der Seite herabhängt.

Der Frauenrock ist von hochrother Wolle mit blauwollenem Bande umsäumt, das Mieder von dunkelblauem Tuch, mit Knöpfen derselben Farbe vorn geschlossen; von dem weiten Ausschnitt ab nach der Höhe des Halses zu ist die Brust vom Hemde bedeckt, an welches sich eine weiße Halskrause schließt. Die Hemdärmel reichen bis zum Ellenbogen und sind häufig da noch umgeschlagen. Ueber Mieder und Hemd wird ein Kamisol von dunkelblauem Tuch getragen, dessen Aermel bis auf einen schmalen Vorstoß des Hemdärmels den Oberarm bedecken. Der Ausschnitt über der Brust ist weit, wie beim Mieder, und mit türkisch-wollener Borte und dieser entsprechend mit buntseidenen gesponnenen Knöpfen besetzt. Das Brusttuch von schwarzer Wolle mit bunter oder weißer Blumenborte pflegt man am Rücken in strahlenförmig auslaufende Falten zu ordnen, wie in vielen norddeutschen Gegenden. Die Schürze ist von streifigem Leinenstoff in wechselnden Farben, vorn mit buntseidener Schleife verziert. Die Strümpfe sind entweder schwarz oder blau mit weißen Zwickeln; weit ausgeschnittene Schuhe von Leder mit Schnallen von Silber dienen zur Fußbekleidung. Der Schmuck besteht auch hier theils aus Halsketten von Bernsteinperlen, welche vorn durch ein silbernes Schloß gehalten werden, theils aus einem Sammetstreifen mit aufgenähten bunten und metallenen Perlen. Nach den Seiten des Halses zu sind diese Halsbänder außerdem noch häufig mit bunten Schleifen verziert. In ähnlichem Geschmack sind die Armspangen, welche das Handgelenk umschließen, von dunklem Sammet mit hellgemustertem Sammetbande und bunten Knöpfen besetzt.

Das Eigenartige ihrer Tracht, welches sie nun wieder mehr dem Hessischen zuführt, ist die Haube. Bei erwachsenen Mädchen oder bei Frauen ist sie von schwarzer Seide, bei Kindern in hochrother Farbe. Die breiten Bänder, welche am Nacken herabhängen, sind auf der Höhe des schwarzseidenen gesteppten Käppchens so formirt, daß sie über der Stirn eine Breitseite bilden. Unter dem Kinn wird die Haube durch Bänder befestigt. Das Haar ist bei dieser Kopftracht nur im Nacken, nach der Höhe zu gestrichen, sichtbar.

34

Chur-Hessen

Um Marburg.

35

Nieder-Churhessen

Nenndorf.

36

Chur-Hessen

an der Schwalm.

37

Chur-Hessen

an der Schwalm.

38

Grossherzogthum Hessen

Amt Biedenkopf.

39

Grossherzogthum Hessen

Amt Biedenkopf.

Großherzogthum Hessen.

Die Wetterau. Hochweisel. Pohlgöns.

(Tafel 40.)

Noch bis vor Kurzem war der Theil des hessischen Landes um Biedenkopf zu derselben Landesregierung zu zählen, der die Gegenden, welche ich hier beschreiben will, zugehören. Es kann also um so weniger verwundern, wenn sich viel Analoges hier vorfinden sollte; insbesondere betrifft dies die Männertracht der Wetterau, bei der wir kurz auf den vorigen Artikel verweisen können. Die Frauen haben wenigstens immer etwas Apartes, und so wird es uns auch hier nicht fehlen, ihren eigenthümlichen Geschmack näher dem Beschauer vorzuführen. Worauf die Frauen am Putztisch eben den größten Werth legen, worin sie am schärfsten ihre Unterscheidungen machen, was dem Alter, gewissen Lebensstellungen, guter Sitte und der Confession zugehört, das ist immer der Putz des Kopfes. Dieses Kleidungsstück ist es auch, welches ihr hübsches Gesicht noch anmuthiger machen soll. Das Bedenken, welches die gebildete Dame der Stadt stets in Anschlag bringt: „das steht mir nicht zu Gesicht", das weiß auch die Bäuerin, sie ist nur nicht ganz so empfindlich in der Farbenzusammenstellung wie jene. Wenn sie selbst endlich den Einflüssen der Mode nicht zu widerstehen vermag, und alle übrigen nationalen, kleidlichen Abzeichen eines nach dem andern verloren gehen, den Kopfputz behält sie dann noch lange bei.

So viel ist in diesem Theile des Großherzogthums Hessen von der Frauentracht freilich noch nicht verloren gegangen, aber die Kopftracht bildet doch das Hauptmerkmal für die verschiedenen Gegenden und sogar für einzelne Ortschaften, denn es würde sehr genaue Localkenntniß dazu gehören, nach den Besätzen und Schnürchen, nach schwarzen oder blauen Strümpfen und dergleichen die Bewohnerinnen dieser Gegenden zu unterscheiden.

In Hochweisel, in der Nähe von Butzbach, ist die Haube von schwarzseidenem Stoff mit blauen Blümchen und gemustertem schwarzseidenen Bande besetzt, wie auch Kinn- und Nackenschleifen; sie deckt den Kopf derart, daß sie sich, vom Scheitel beginnend nach dem Wirbel zu in der Breite des Kopfes erhebt und nach dem Nacken zu in Falten gezogen ist. In Langgöns ist sie eine nach vorn breite, nach den Seiten abgerundete Wulst, mit weißem Piqué überzogen, mit schwarzseidenen Bändern umwickelt und am Kinn gebunden; das Haar darunter ist zurückgestrichen. Der Rock ist gemeiniglich sehr kurz, in der oberen Hälfte faltenreich und nach unten glatter; man liebt es, dickwollene Stoffe wie Biber dazu zu verwenden, und schwarz oder dunkelblau sind die hauptsächlichsten Farben des Rocks wie des ganzen Anzugs; an den Saum ist außerdem ein seidenes, hellfarbiges Band gesetzt. Ueber dem Mieder von demselben Stoff, aus welchem die weißen langen Aermel des Hemdes heraustreten, trägt man in Hochweisel einen Kragen, welcher Hals, Brust, Schultern und den oberen Theil des Rückens deckt; die spitzen Flügel desselben sind über der Brust zusammengelegt. Er ist gewöhnlich von schwarzem glänzenden Kattun mit buntgedruckten Blumen und roth eingefaßt. Das Kamisol von dunklem Tuch ist eng und kurz, am Rücken mit einem Schößchen versehen, die Schürze meistens von schwarzem Leinen mit einer buntblumigen Sammetschleife, welche vorn herabhängt. Den Hals umschließt eng ein schwarzseidenes Halstuch, dessen Zipfel den Rücken decken. Die Strümpfe sind entweder von schwarzer oder dunkelblauer Wolle und die Lederschuhe nur halbhoch mit Sammetschleifen.

In Langgöns trägt man über dem Kamisol ein Brusttuch von schwarzem Damast mit farbigen Blumen, welches dreizipfelig den Rücken deckt und vorn durch die Schürze gehalten wird. Eine buntseidene Schleife, welche vom Busen herabhängt, ist außerdem hier üblich.

40

Grossherzogthum Hessen

Hochweisel u. Pohlgöns.

Lothringen.

(Tafel 41.)

Ein Trachtenbrauch hat in Lothringen schon längst aufgehört; was bei der heutigen Männertracht noch daran erinnert, sind allgemeine Anklänge an's Elsässische. Vor Allem ist der überaus kurze blaue oder bräunliche Leinen- oder Baumwollkittel als Alltagstracht noch allgemein in Gebrauch, denn am Festtag ist der Bauer schon völlig neumodisch geworden.

Mit der Frauentracht verhält es sich ebenso, aber wenn sie doch im modernen Leben noch hier und da hervortritt, so bietet sie in ihrer schmucken Einfachheit ein anmuthiges Bild.

Der lange, bis zu den Füßen reichende Rock von farbigem Wollenstoff ist entweder am unteren Saum mit einem faltig angesetzten Streifen desselben Stoffs verziert, oder mit hellfarbigem Bande mehrmals besetzt. Die Aermel am hohen Leibchen sind eng, und aus ihnen treten die weiten, streifig durchnähten und gefalteten Mullmanchetten heraus, welche einen großen Theil der Hand bedecken. Ein Brusttuch von durchsichtigem, gemusterten Stoff oder feinem Leinen mit breiten Kanten hüllt reichlich den Oberkörper ein und läßt seine Enden entweder unter dem Schürzenbund verschwinden oder diese werden unter den Armen durchgehend am Rücken verknüpft. Aus dem Brusttuch schaut oberwärts aufrecht emporstehend der feingekräuselte weiße Kragen heraus und deckt zum Theil das farbige seidene Band, an welchem ein goldenes Kreuz um den Hals befestigt ist. Besonders charakteristisch für die Lothringerin ist das einfache Mullhäubchen mit den farbig seidenen Bandschleifen, welches in Größe oder Zierlichkeit, mit hochstehendem Kopf und langer, gefältelter Gardine oder flach anliegend und nur auf den Kopf gestülpt, in mannigfacher Formenveränderung wechselt.

Die ausgeschnittenen Schuhe von schwarzem Leder sind mit einer farbigen Rosette verziert, die Strümpfe gewöhnlich weiß.

41

Lothringen.

Elsaß.

(Tafel 42 — 44.)

Die Bewohner des Elsaß, des südlichen Theils der linken Rheinseite, gehören mit den deutschen Schweizern und den Schwarzwäldern, mit denen sie in der Tracht manches Gemeinsame haben, zu einem Stamme, dem alemannischen. Wie die Elsässer ihrer Nationalität nach durchaus deutsch sind, so hat auch eine langjährige politische Geschichte sie stets mit Deutschland verbunden, bis die Gewaltthat Ludwigs des Vierzehnten im Jahre 1681 Straßburg und sein Gebiet den Deutschen entriß und an Frankreich kettete. Trotz einer beinahe zwei Jahrhunderte lang dauernden Zusammengehörigkeit mit der französischen Nation ist die elsässische Bevölkerung wenigstens auf dem Lande — in den Städten konnte französisches Wesen leichter Fuß fassen — ihrem angestammten Volksthum im Wesentlichen treu geblieben, und der langsam, aber sicher fortschreitenden Germanisirung wird es daher mit der Zeit gelingen, die letzten noch bestehenden Spuren fremden Wesens auszutilgen.

Die Tracht der Elsässer berührt sich, wie schon bemerkt, vielfach mit der ihrer östlichen Nachbarn, der Bewohner des badischen Schwarzwaldes. Das Kennzeichnendste in der Frauentracht ist der weithin bekannte Kopfputz, wie er um Straßburg in südlicher und westlicher Richtung getragen wird. Derselbe besteht zunächst aus einer Unterkappe von Gold- und Silberstoff oder aus gemustertem, meist schwarzen Sammet, welche mit reichster Metallstickerei bedeckt ist und am Nacken durch eine Zugschnur befestigt wird. Vom Hinterkopf ausgehend werden dann breite Seidenbänder nach vorn um die Kappe gewunden und über dem Scheitel zu breit sich entfaltenden Schleifen verknüpft, von denen die langen befranzten Enden entweder seitlich oder am Rücken herabhängen. Dieser Schmuck der Kopfschleifen ist in der Ausgestaltung durch sehr breites Schleifenband, welches fächerartig emporstehend in mächtigen Flügeln das Gesicht umgiebt oder von mäßigerer Breite schlaff herabhängt, sowie endlich zu kleinen, keck emporstehenden Flügelrosetten zusammenschrumpft, je nach den Gegenden sehr verschiedenartig. In der Farbe ist die elsässische Kopfschleife meistens von schwarzer, bei Mädchen vielfach von rother Seide; außerdem sind nicht nur die verschiedenartigsten einfarbigen Seidenstoffe, sondern auch modern bunt gemusterte, in Streifen, Blumen, auf hellem und dunklem Grund, vielfarbig gewürfelten und mit regelmäßig verstreuten Kleinmustern sehr beliebt.

Als Wintertracht trägt man um Straßburg ein buntblumiges Sammetkäppchen, dessen von rückwärts sichtbarer Boden mit reicher Goldstickerei auf dunklem Sammet geschmückt ist, während breite buntblumige Seidenschleifen an der linken Seite des Gesichts ihre langen Enden herabflattern lassen.

Die älteren Frauen um Straßburg bedienen sich einer Haube mit weich und lose geformtem Kopftheil, welcher im Nacken durch Zugschnuren zusammengezogen ist und nach vorn an ein den oberen Scheitel deckendes Bändchen faltig angesetzt ist. Diese Haube, von einfachem oder gepreßtem Sammet, ist zuweilen mit zierlichen Goldblumen und Mustern bestickt.

Der eigentliche landesübliche faltenreiche Rock war ehedem kurz, heute wird er fast fußfrei getragen und ist bei dem katholischen Theile der weiblichen Bevölkerung von rother, bei dem protestantischen von grüner Wolle und unter Kniehöhe oder am Saume mit schwarzsammetnem Bande in mehreren quer herunterlaufenden Streifen besetzt. Abweichend von den confessionellen Unterschieden in der Farbe haben bei diesem Kleidungsstücke doch auch alle anderen Farben Eingang gefunden.

Ueber dem bis zum Halse heraufreichenden Hemde, dessen oberer Ausschnitt, sowie auch die langen, oft heraufgeschobenen Aermel mit Kanten besetzt sind, schließt sich an den Rock zur Bedeckung des Oberkörpers ein Mieder von buntblumigem, dunklem Sammet, dessen vordere Oeffnung, sowie auch der darunter geschobene Vorstecklatz durch seidene Nestelbänder zusammengehalten ist. Der Latz, wie stets bei der Tracht der Bäuerinnen, ein besonderer Putzgegenstand, ist aufs Reichste aus Gold, Sammet und Damaststoffen hergestellt.

Die Schultern, sowie den oberen Theil der Brust und des Rückens deckt ein feingefältelter Kragen von Mull mit Kantenbesatz, welcher als Festtracht über dem Hemd liegt. Oft ist jedoch der Kragen bis auf den allein sichtbaren Kantenbesatz völlig bedeckt durch das über $1^1/_2$ Meter im Quadrat messende Brusttuch von buntblumiger Seide mit langen Franzen, dessen beide Enden am Nacken geknüpft längs des Rückens herabhängen, während von vorn gesehen der mittlere zusammengefaltete Theil in massigen Falten Brust und Hals deckt.

Die faltenreiche, aber dabei nur mäßig lange Schürze, von welcher vorn die bunten Schleifenbänder herabhängen, ist als Mädchenfesttracht gewöhnlich von weißem durchsichtigen Stoff mit Kantenbesatz hergestellt, während es bei minder festlichen Gelegenheiten oder auch als Frauentracht beliebt ist, verschiedenfarbige, seidene oder halbseidene, auch damastene Schürzen zu tragen.

Die kurze bis zur Taille reichende Jacke mit halbweiten Aermeln ist bei der jüngeren weiblichen Generation gebräuchlich, welche meist dunkelfarbige wollene oder halbseidene Stoffe zu diesem Kleidungsstücke wählt, während ältere Frauen um Straßburg den halblangen, nicht anschließenden schwarzen Tuchschoßjacken den Vorzug geben.

Ausgeschnittene Schuhe oder halbhohe Stiefeln von schwarzem Leder zu weißen Strümpfen machen den Beschluß in der Tracht dieser Gegend.

Die Hauptbekleidungsstücke der Frauen von Oberseebach im Weißenburger Kreise unterscheiden sich von denen der Straßburger Gegend namentlich durch den Krausen- und Schleifenputz an Jackenausschnitt, Aermeln und dem graziösen, über die Schultern gehenden Tuch, welches auf der Brust durch eine lebhaft bunte Schleife geziert ist. Eine ähnliche Krause von schwarzer Seide dient auch als Halsbekleidung und ist mit schwarzer Schleife am Nacken geschmückt.

Auf dem vorn gescheitelten und im Nacken chignonartig aufgenommenen Haar trägt die Bäuerin nur diese kleinste Form der Schleifenhaube in leuchtend rother Seide (wie die Schleife des Brusttuches); diese ist außerdem mit reicher Goldstickerei verziert.

Mit Ausnahme dieses Schleifenputzes wie des Käppchens ist der ganze Anzug wenig lebhaft in den Farben und doch im Ganzen sehr anmuthig, zierlich und stimmungsvoll. Die schwarze Farbe beherrscht auch außerhalb der Trauer vielfach die ganze Tracht.

In Kleeburg ist eine andere Form der Haube bevorzugt, welche aus schwarzer Seide gefertigt, flacher auf der Höhe des Kopfes aufliegt, am Hinterkopf durch eine Schleife geziert ist und am Kinn durch eben solche von der Haube ausgehende Bänder geschlossen wird, die aber häufig frei nach hinten herabflattern. Die hochstehende weiße Hemdkrause über dem farbigen Brusttuche und die auch hier übliche Brustschleife auf dem lebhaft farbigen Mieder wirken angenehm zusammen.

Sehr originell ist die im Schleithal allgemein getragene Haube von durchzogenem Tüll, auf Draht gearbeitet, hartgesteift, mit helmähnlich bald mehr bald weniger emporstehendem Kopf. Sie ist gewöhnlich weiß, doch häufig wird sie auch hellblau gefärbt. Seidendamastbänder schließen die Haube am Kinn. Ein kappenartiges Häubchen von hellem Kattun mit weißen Schleifchen auf der Höhe des Scheitels und durch breite Bindebänder am Kinn verschleift, trägt man hier zu gewöhnlichem Gebrauch.

Eine landeseigenthümliche Männertracht ist besonders im Weißenburgischen Kreise noch im Gange. Hier besteht die Tracht meist aus dunkelblauer Tuchjacke mit zwei Reihen eng aneinandergesetzter flacher Messingknöpfe, aus dunkelblauem Tuchbeinkleid, dessen Seitennähte ebenfalls dicht mit Knöpfen besetzt sind, und rother Tuchweste mit zwei Reihen metallener Knöpfe, während ältere Leute gewöhnlich schwarze zweireihige Westen tragen, sowie zur Kirchentracht lange schwarze Tuchröcke mit besponnenen Knöpfen üblich sind. Das Alltagskleid aber besteht gewöhnlich aus dem sehr kurzen blauleinenen Kittel.

Unter dem aufgerichteten Hemdkragen ist ein schwarzes Halstuch, gehalten durch eine silberne Spange, lose umgeschlungen. Zur Kopfbedeckung bedient man sich des zweiseitig aufgeschlagenen schwarzen Filzhutes mit schwarzen Bändern, jüngere Männer auch wohl der Pelzkappe oder einer von Wolle gestrickten trichterförmigen Mütze in stumpfen Farben.

42

Elsass

Geispolsheim

43
Elsass
Um Strassburg.

44

Elsass

Um Weissenburg.

Baden.

Eckartsweier. Altenheim. Dundenheim.

(Tafel 45.)

In den westlich gelegenen Ortschaften um Offenburg ist die Männertracht zwar im Allgemeinen schon der neuern Mode zugewendet, und die langen dunkelblauen Tuchpantalons, dazu eine kurze Jacke desselben Stoffes mit metallenen Knöpfen, eine Weste von schwarzem Sammet oder auch wohl von rothem Tuch und ein runder Filzhut vorherrschend geworden, doch besteht neben dieser auch noch die alte Landestracht.

So tragen die Männer zu den kurzen schwarzen Lederkniehosen, welche durch einen hellgrünen, blumiggestickten Hosenträger gehalten werden, unter dem letzteren das carmoisinrothe Brusttuch statt der Weste. Dieses wird unter dem Arme durch Häkchen geschlossen, ähnlich wie im Ober-Rheinkreis in der Gegend um Säckingen. Hier bei Offenburg ist diese Brust- und Rückenbekleidung enger anschließend und verschwindet schon unter dem Bund der Hosen. Der aufrechtstehende Hemdkragen, von einem schwarzseidenen Halstuch umschlungen, und die langen weißen Hemdärmel treten stattlich aus dem Brusttuch hervor. Der lange schwarze Tuchrock mit weißwollenem Futter und Häkchen, statt der Knöpfe, ist in der Form dem Männerrock des Gutachthals ähnlich. Die weißen Strümpfe sind unter dem Knie durch carmoisinwollene Bänder festgehalten, und Schuhe von schwarzem Leder mit rothledernen Laschen vervollständigen die Tracht nach unten, wenn nicht statt dieser hohe, bis übers Knie reichende Lederstiefeln an ihre Stelle treten. Die Kopfbedeckung endlich besteht in einer mit Pelz besetzten Sammetmütze oder einem breitrandigen Hut von schwarzem Filz oder Stroh.

Auch die Frauentracht dieser Gegend und ganz besonders die weit abstehenden Kopfschleifen erinnern uns an den Ober-Rheinkreis. In einigen Dörfern um Offenburg werden die Schleifen sehr klein getragen, während sie in anderen Ortschaften mächtige Flügel bilden, und was Stoff und Farbe anbetrifft, so wird auch hier allgemein für dieselben die schwarze

Seide gewählt, während gleichfalls seidene Franzen den Besatz bilden. Durch faltig gelegte Bänder oder platt gearbeitete Untersätze, die sich der Rundung des Kopfes anschmiegen, werden die Schleifen am Haar befestigt. Letzteres wird entweder von der Stirn aus glatt zurückgestrichen oder getheilt und endet am Nacken immer in zwei herabhängenden Zöpfen, von deren Enden schwarzseidene Bänder herabfallen. Der Rock in nicht außergewöhnlicher breiter Faltenlage reicht bis zu den Füßen, oft ist er am Saum mit schwarzem Sammet eingefaßt, und meist von Wollenstoff, für welchen neben anderen Farben das lebhafte Roth am häufigsten angewendet wird. Von demselben Stoffe ist auch das sich daran anschließende Mieder. Unter einem breiten, vorn über Kreuz gelegten Brusttuch von Wolle oder Seide in einfach bunter Färbung oder mit blumigen Mustern bedruckt, tritt noch der Rand eines weißen Untertuches hervor. Außerdem bedeckt über dem Mieder ein Kamisol von dem Stoff des Rockes den Oberkörper. Die Schürze ist entweder von dunkelblauer Leinwand oder von schwarzer Wolle. Zu den weißen Strümpfen sind die Schuhe ausgeschnitten oder es werden auch hohe Schnürstiefeln getragen.

45

Baden

Eckartsweier - Altenheim - Dundenheim.

Baden.

Kinzigthal. Schapbach.

(Tafel 46.)

Schon oberhalb von Offenburg ist im Mittelrheinkreis eine Männertracht üblich, die sich über das ganze Kinzigthal erstreckt und den östlichen Rand dieser Gegend zugleich einnimmt. In der Form dieser Tracht läßt sich billig auf schon hinreichend Erläutertes anderer Thäler verweisen; es sind also nur Stoff- und Farbenzusammenstellungen, die unterscheidend zwischen diesen wirken. Der lange Rock ohne Knöpfe ist hier von schwarzem Tuch mit brennend rothem Futter von Baumwollenstoff. Die Tuchweste ist von derselben hochrothen Farbe und mit gelben Metallknöpfen besetzt; der stattliche Bursche trägt sie am Sonntag gern offenstehend, damit das weiße Hemd zur Geltung kommt. Im Rückentheil ist die Weste von hellstreifigem Leinenstoff, gewöhnlich mit rothen oder blauen Querstreifen auf weißem Grund. Um den aufrechtstehenden Hemdkragen, der im mittleren Theile von Baden bei Bauern allgemein üblich ist, wird das schwarzseidene Halstuch in Schleifen geknüpft. Die Lederkniehosen schließen sich an weiße Strümpfe an und diese werden im häufigen Verkehr außerhalb des Hauses wieder durch kurze, bis zur Wade reichende Stiefeln gedeckt. Der rundköpfige Hut von schwarzem Filz ist bald mit breiterer, bald mit schmalerer Krempe versehen.

Im Schapbachthal ist außerdem eine kurze Jacke von schwarzer Wolle mit rother Schnur benäht als Haustracht gebräuchlich. Die Weste bei älteren Männern ist von dunkelblauem Tuch, die Kniehose von schwarzem Sammet, blaue Strümpfe bekleiden die Unterschenkel, und hohe Bindeschuhe die Füße.

Der sehr gefällige Schnitt der Frauentracht in Schapbach wird noch außerdem durch lebhafte Farben gehoben. Die Haube ziert ein goldgewirkter Deckel mit bunten, gestickten Blumen; an diesen, den Kopf vom Scheitel bis zum Nacken bedeckenden Theil befestigt, bedeckt ein abwärts gekehrter schleierartiger Schirm von schwarzem Tüll die Stirn und das aufwärts gestrichene Haar. Ein schwarzseidenes Band, wie eine Binde um die Haube gelegt, ist auf der Höhe des Kopfes in herabhängende Schleifen geknüpft. Dies ist die kleinste Form der bei den Markgräflerinnen zu erwähnenden Kopfschleifen. In gleicher Art wie in Schapbach kommt dieselbe auch im Kinzigthal vor, aber das Schleifenband ist dann farbig, gewöhnlich roth, und der übrige Anzug zwar auch lebhaft in den Farben, aber einfacher im Schnitt.

An das Hemd, dessen Aermel entweder am Ellenbogen in einer Krause endigen oder bis ans Handgelenk reichen, ist am Halsausschnitt eine Krause befestigt, welche strahlenförmig sich auf die Schultern legt. Ein buntseidenes Halstuch wird eng um den Hals darüber geknüpft. Das „Leibli" von buntgemustertem Seiden- oder Halbseidenstoff, mit rothseidenem Bande besetzt, wird durch Schleifen auf den Achseln festgehalten. Ein zweites größeres Tuch von buntem Seidenstoff, dessen über Kreuz gelegte Zipfel unter dem Schürzenbund verschwinden, deckt den vorderen Theil des Mieders und einen Theil des Rückens. Zur vollständigen Tracht gehört dann noch ein Kamisol von farbiger oder schwarzer Wolle; durch buntseidene Schleifen wird dasselbe über der Brust zusammengehalten.

Den lebhaft bunten Farben wird für den Rock, der gemeiniglich von Wolle ist, der Vorzug gegeben. Zuweilen benutzt man dazu Stoffe mit quadrirten Mustern, ebenso auch für die Schürze, die man von Seide, Halbseide, Leinen und Kattun findet. Blaue Strümpfe werden abwechselnd mit weißen getragen zu ausgeschnittenen Schuhen von schwarzem Leder, welche ohne jede Verzierung sind.

46

Baden

Schapbach u. Kinzigthal.

Baden.

Gutachthal.

(Tafel 47.)

So vielseitig wie der Schwarzwald in seiner landschaftlichen Gestaltung ist, bietet er auch in den Trachten die mannigfaltigsten Abwechselungen dar. Fast jedes Thal hat seine besonderen Eigenthümlichkeiten. Diese in die Augen fallende Vielseitigkeit läßt sich aber auf wenige Grundformen zurückführen, die nur verschiedenartig ausgebildet, manche sogar schon modernisirt sind.

Besonders ist es der südliche Theil des Schwarzwaldes, der Oberrheinkreis, welcher uns die allemannische Tracht noch originell vorführt, in den übrigen Theilen von Baden steht sie vereinzelter da, oder sie hat auch wohl gar einer Uebergangstracht Platz gemacht, die ebenso wenig bäuerisch als modern ist.

Auch hier sind die Frauen mehr als die Männer dem alten Herkommen treu geblieben. Das allemannische Coller, welches den Hals eng umschließt und einen wesentlichen Theil ihres Putzes zugleich ausmacht, hat noch eine große Verbreitung bei ihnen, ebenso das geschnürte Mieder und der in enge Falten gelegte Rock. Die Kopftrachten der Frauen aber sind so verschieden, daß sich an ihnen schon die Gegenden erkennen lassen, welche ihre Trägerinnen bewohnen. Manche schöne oder doch originelle Kopfbedeckung ist bereits untergegangen oder ist nur noch als Antiquität in der Ecke des staubigen Bodens zu finden; zum Theil sind auch noch die älteren Leute die Repräsentanten dieser alten Tracht.

Die Seitenthäler von der Kinzig, das Gutach-, Kirnbach- und Reichenbachthal, haben bis auf geringe Farbenunterschiede eine gemeinsame Tracht. Ein langer Rock von schwarzem gerippten Sammet ist das Kennzeichnende der Männerkleidung; er ist ohne Kragen und ohne Knöpfe, statt deren der Rock durch Häkchen mit Oesen zugehalten werden kann. In Gutach ist er mit carmoisinrothem Flanell gefüttert, in Kirnbach mit weißem, in Reichenbach mit grünem Futter. Die Weste ist vorn wie am Rückentheil von gleichem Stoff; in Gutach fand ich sie von grünem, in Kirnbach von schwarzem Sammet, in Reichenbach von rotem Tuch. Sie ist mit stehendem Kragen versehen, mit zwei Reihen von Horn- oder Zinnknöpfen besetzt und schließt bis zum Halse, wenn sie nicht, wie es sehr üblich ist, offen steht und den grüngewirkten Hosenträger auf weißem Hemde sehen läßt. Der Kragen des Hemdes steht aufrecht und um diesen schlingt sich das schwarzseidene Halstuch. Die Hosen von schwarzem Leder oder Sammet reichen bis zum Knie, die Strümpfe sind von weißer Wolle und schwarzlederne Schuhe mit Riemen gebunden bedecken die Füße. Außer der Zipfelmütze, welche gewöhnlich von schwarzer Farbe ist und sich in allen Theilen von Baden findet, dieser bequemen Haustracht, vollendet ein breitrandiger Hut von langhaarigem schwarzen Filz mit niedrigem geschwungenen Kopf, um den sich zunächst der Krempe ein schwarz gemustertes Sammetband schlingt, die Männertracht dieser Gegend.

Die Frauen und Mädchen kleiden sich zum großen Theil in Schwarz, und die bunten Farben bilden nur den Ausputz. Rock, Camisol und Schürze sind aus einem Gewebe von Wolle und Leinen, schwarz gefärbt und glänzend geleimt; sie werden nie gewaschen. Der Rock, in der vorderen Hälfte glatt, in der hinteren Hälfte in Falten gelegt, reicht bis unter die Wade; er ist ohne Besatz am Saum, der darunter getragene dunkelrothe Unterrock aber wird eine Linie breit unter dem Rock sichtbar. An den Rock ist das „Laibli" befestigt, welches den Oberkörper bedeckt, und aus diesem treten die weißen Hemdärmel, welche in bauschigen Falten am Ellenbogen gerafft und durch Bänder zusammengehalten sind. Das Laibli wird entweder von farbig gemustertem Sammet oder halbseidenen Stoffen gefertigt, es ist häufig nur ganz einfach im Schnitt und an der linken Seite der Brust durch Haken geschlossen. Bei jüngeren Frauen und Mädchen ist das Laibli breit ausgeschnitten mit untergestecktem Latz und durch farbig seidene Bänder zusammengeschnürt. Den Hals und oberen Theil der Brust umgiebt ein eng anliegendes Coller, welches durch Haken vorn geschlossen, durch farbige Bänder um die Arme befestigt ist. Es ist im Stoff so verschieden wie von Farbe, die dunklen Farben mit hellem Besatz sind am beliebtesten, wie farbig geblümter Sammet mit hellfarbigem Wollen- oder Seidenband eingefaßt, doch kommen auch weiße und hellkattunene Coller vor. Zuweilen liebt es die Schwarzwälderin, die Anfangsbuchstaben ihres Namens in Seide darauf zu sticken und das Coller außerdem mit Schleifen, Perlen und Flittern zu verzieren. Zum vollständigen Anzug wird über das Coller noch ein schwarzseidenes Halstuch gebunden, dessen beide Enden durch die Bänder des Collers vorn zu beiden Seiten gezogen sind. Ebenso deckt dann auch das stets offen stehende schwarze Camisol mit rothem Futter und engen Aermeln die Brust, den Rücken und die Arme; es ist sehr kurz und bildet am Rücken drei kleine Schößchen. Die schwarze, sehr faltenreiche Schürze erreicht die Länge des Rockes. Der besonders charakteristische Theil ihres Putzes ist der Kopftracht zugefallen. Das Haar ist glatt zurückgestrichen und in zwei Zöpfe geflochten, welche am Rücken herabhängen. Eine schwarze Damasthaube bedeckt den Oberkopf, sie wird unter dem Kinn mit seidenen Bändern befestigt und im Nacken in Falten gezogen und gebunden. Ein darangenähter schwarzer Tüllstrich deckt den vorderen Theil des

Haares und die Stirn, oft sogar bis zu den Augen wie ein Schleier. Ein Theil dieses Striches von der Schläfe bis zum Ohr ist mit schwarzen Seidenfaden quadrirt durchzogen und wird, um das Gesicht freier zu machen, heraufgekippt; die Haube wird dadurch auch kleidsamer. Endlich aber wird diese durch einen dicken flachen Strohhut von weißer Farbe mit niedrigem Kopfe von schwarzem Stroh bedeckt, auf welchem Rosen von Wolle, plüschähnlich kurz geschoren, dicht über- und aneinander in einer bestimmten Ordnung befestigt sich befinden. Bei Frauen sind diese Rosen immer schwarz, bei Mädchen nur in der Trauer oder wenn sie sich sittlich vergangen haben, sonst zeichnet sich eben gerade die Mädchentracht durch hochrothe Rosen aus.

Die Strümpfe sind von weißer Wolle und weiß gestickt, die am Spann in einer zurückgehenden Spitze ausgeschnittenen Schuhe von schwarzem Leder.

47

Baden

Gutachthal.

Baden.

Prechthal.

(Tafel 48.)

Das Prechthal, Glotterthal, Simonswald, Furtwangen, Triberg haben unter sich wieder wie die vorhin genannten Seitenthäler der Kinzig viel Aehnliches in der Tracht. Die Männertracht ist nur hier und da in diesen Gegenden noch ursprünglich, theilweise ist eine Bauerntracht gar nicht mehr vorhanden.

Im Prechthal sieht man die Burschen in schwarzer Sammetjacke mit ebensolcher oder rother Tuchweste mit blanken Knöpfen und gelbgestickten Knopflöchern, blauleinenen Pantalons, ledernen Bindeschuhen, den Kragen des Hemdes hochstehend und von einem schwarzseidenen Halstuch umschlungen, und rundem glatten Filzhut. Um Elsach geht der Landmann in einem schwarzen Sammetrock einher wie die Gutacher, aber mit schwarzem Futter, in schwarzer Sammetweste mit blanken Knöpfen und schwarztuchenen Pantalons. Der runde Hut mit niedrigem Kopf und breiter Krempe ist von schwarzem Filz.

Eine sonderbare Erscheinung in der Frauentracht giebt die höchst unkleidsame Form und Farbe der Hüte. Bei der Prechthalerin ist es zugleich die geschmacklose Art, ihre sonst hübsche Tracht durch übertriebene Polsterungen zu verderben und einem etwaigen Mangel an Körperfülle durch Watte und Werg über Gebühr abzuhelfen; vollends widersinnig ist dieser Brauch bei Mädchen im Kindesalter.

Der Rock ist am Gürtel in enge Falten abgenäht, von wo die breiteren Falten bis zum halben Unterschenkel, oft sogar bis zum Knöchel reichen. Er ist von Drillich und in dunklen oder unscheinbaren Farben (grau, dunkelblau, schwarz) mit einem farbigen Saum. Ein weit ausgeschnittenes Mieder von lebhafter Farbe, häufig hochroth und mit Goldtressen, farbigen seidenen Bändern und Metallflittern besetzt, umschließt die kurze Taille, während der obere Theil der Brust und die Arme von dem weißen Hemde gedeckt sind; die vorn herabgehende Oeffnung desselben ist roth gestickt. Das Coller, welches den Hals deckt, ist in derselben viereckigen Form mit aufrecht stehendem Bündchen wie das der Gutacher Frauen, aber viel reicher durch seidene Bänder, Schleifen, Goldflittern und Perlen verziert, theilweise recht unharmonisch in den Farben gestimmt. Die faltenreiche Schürze ist von verschiedener Länge, sie erreicht zuweilen den Saum des Rockes. Die quadrirten und blumigen Muster sind sehr beliebt, und vom Gürtel herab hängt nach vorn eine breite buntseidene Schleife. Das Camisol von dunkelfarbig geblümtem Kattun schließt sich eng dem Oberkörper an und geht glatt über den Rücken ohne Schooß; die Aermel sind oberhalb weitbauschig, nach dem Handgelenk zu eng anliegend. Das Halstuch von buntem Kattun wird dergestalt zusammengelegt und um den Hals geschlungen, daß alle drei Zipfel am Rücken herabfallen, doch ist theilweise auch die Art, sie vorn zu knüpfen, in Gebrauch. Blaue Strümpfe mit carmoisin eingestickten Zwickeln und hohe, sowie auch ausgeschnittene Schuhe von Leder sind die Fußbekleidung. Das Haar wird glatt zurückgekämmt, am Nacken in zwei Zöpfe geflochten, welche am Rücken herabhängen und durch bunte Bänder geschmückt sind. Der hohe cylinderförmige Strohhut ist das Auffallendste ihrer Tracht, er wird durch schwarzseidene Bänder unter dem Kinn befestigt. Bei den Prechthalerinnen erreicht er eine ängstliche Höhe, die Krempe ist nach den Schläfen zu spitz heruntergebogen und wölbt sich über der Stirn; durch einen glänzenden Lack erhält sie sich sowohl in dieser Biegung, als auch der ganze Hut dadurch etwas Blechähnliches bekommt. In der Farbe ist er hier vom schreiendsten Orange. In der Gegend um Furtwangen ist er niedriger, die Krempe breiter und nach den Seiten zusammengedrückt, von Farbe hellgelb oder orange. Auch wird hier von den Frauen eine schwarzseidene Haube mit buntem Damastdeckel darunter getragen, von welcher die langen Schleifen und Bänder von schwarzem Moirée am Rücken herabhängen. Die dazu gehörige Bekleidung ist viel einfacher als die vorerwähnte, meistens nur in Schwarz oder doch nur sehr dunklen Farben gehalten, in der Form wenig abweichend. Charakteristisch ist der Saum des Rockes, etwa vier Zoll breit und von hochrothen und schwarzen Streifen zusammengesetzt. Die früher üblichen rothen Strümpfe sind nicht mehr allgemein; schwarze, blaue oder weiße sind meistens an deren Stelle getreten.

48

Baden

Prechthal.

Baden.

St. Georgen. Tennenbrunn.

(Tafel 49.)

Diese beiden Ortschaften und ihre Umgebungen sind nur in der Frauentracht bemerkenswerth und besonders in dem kopfbedeckenden Theile derselben, der übrige Anzug ist mehr oder weniger auch ihren Nachbarinnen an der Kinzig und den Seitenthälern eigen, nur scheinen hier die Farben nicht so strengem Kleidergesetz unterworfen zu sein, wie dort; die dunklen Farben nehmen den hauptsächlichsten Platz ein, in Schnitt und Stoff ist der Anzug aber mit jenen ganz übereinstimmend.

Die Kopfbedeckung ist das Eigenthümlichste und zugleich das confessionelle Unterscheidungszeichen.

Die protestantischen Frauen in St. Georgen und Tennenbrunn tragen zunächst eine am Kopf glatt anliegende Haube, deren buntgeblümter Sammetdeckel mit breiter schwarzseidener Einfassung die Höhe des Kopfes deckt; das vordere und zurückgestrichene Scheitelhaar bleibt davon unbedeckt und das Hinterhaupthaar fällt in langen Flechten am Rücken herab. Unter dem Kinn ist die Haube wie überall durch schwarze Bänder befestigt, die schmaleren Nackenbänder aber fallen bogenförmig und in Schleifen geschürzt ganz symmetrisch nach hinten herunter und erreichen in ihrer Länge den Saum des fußfreien Rockes. Auf diese Kopfbedeckung, welche wohl als die Haustracht anzusehen ist, wird dann ein Strohhut gesetzt mit cylinderförmigem Kopf und an den Seiten aufwärtsstehender Krempe; die innere Seite des Hutes behält die natürliche gelbe Strohfarbe, die äußere aber ist durch einen kreidigen Anstrich von blendendster Weiße und setzt um so schärfer die Verzierungen von schwarzgefärbtem Strohband ab, welche an der hinteren Seite der Krempe vom Kopf ausgehend strahlenförmig nach drei Seiten sich entfalten und in zusammengerollten Knoten enden. Es ist die in früheren Zeiten mehr gepflegte und jetzt nur noch seltener auftretende allemannische Hutverzierung. Der geradstehende Kopf ist seitlich mit schwarzgefärbtem Strohgeflecht bedeckt, während der Deckel weiß bleibt, diese schwarze Seitenwand aber noch außerdem mit vier wollenen Rosetten geziert, die, an die Tracht der Gutacherinnen erinnernd, in rother und schwarzer Färbung wohl hier ebenso die Unterscheidungen des ehelichen und außerehelichen Standes machen.

Die Frauen katholischer Confession in Tennenbrunn, sowie auch in dem württembergischen Lauterbach, welche im Anzug noch mehr wie jene dem ernsten Schwarz zugethan sind, lieben auch in der Kopfbedeckung noch größere Einfachheit. Die Unterhaube ist ähnlich, wie die oben beschriebene, der schwarzgefärbte cylinderförmige Strohhut zuweilen nach der Höhe zugespitzt, und die an den Seiten aufrechtstehende Krempe durch schwarzseidene Bänder am oberen Rande des Kopfes festgehalten, von wo diese in Schleifen herabfallen.

49

Baden

St Georgen. Tennenbrunn.

Baden.

Simonswald. Waldkirch. Donaueschingen.

(Tafel 50.)

In diesen Theilen des Schwarzwaldes nimmt die Frauentracht, wenn sie nicht mehr ganz fest am Althergebrachten hängt, ihre Zuflucht zu einer Uebergangstracht und zunächst zu einer kleidsamen, aber noch immer bäurischen Haube. Diese habe ich an verschiedenen Orten als die neuere Tracht bezeichnen hören, wenn sie nicht überhaupt schon allgemein herrschend geworden war. Gewöhnlich waren dann auch die Röcke lang, nicht mehr der kurze, faltige Bauernrock in Gebrauch und die Jacke mit den weitfaltigen Aermeln kleidähnlich geformt. Von der alten Tracht wir aber immer noch das gestickte Coller beibehalten. In der Gegend um Furtwangen wird die Haube am Deckel nach den Seiten zu ein wenig zusammengedrückt und der gelbe Strohhut darauf gesetzt, so daß nur die Schleifen von der Haube sichtbar werden.

Das nicht sichtbare Gestell dieser Kopfbedeckung wird mit breitem schwarzseidenen moirirten Bande dergestalt umwickelt, daß nur der Deckel von farbigem Sammet oder halbseidenem Damast mit reicher Gold- oder Silberstickerei an der Rückseite zum Vorschein kommt; die breiten Bänder, welche die Wangen umschließen, werden wie bei den meisten Bauernhauben am Kinn in lang herabhängende Schleifen geknüpft, sowie auch ähnliche breitere und längere Schleifen am Nacken herabhängen. Das Haar ist über der Stirn gescheitelt und hängt in Zöpfen, welche durch schwarze Bänder verlängert werden, neben den Nackenbändern der Haube am Rücken herab. Das Mieder, welches den Oberkörper eng umschließt, ist immer farbig, und sind bei besseren Anzügen die in quadrirte Muster gewebten halbseidenen Stoffe sehr beliebt.

Hieran schließt sich oberhalb das Coller, welches sowohl in Form als Stoff und Farbenwahl denen in anderen Schwarzwaldgegenden entspricht; auch ist es wie diese durch buntseidene Bänder, welche unter dem Arm durchgehen, vorn und hinten anschließend gemacht. Die aus dem Mieder heraustretenden bauschigen Hemdärmel bedecken nicht ganz den Oberarm. Dies sind die Bekleidungsstücke, in welchen sich die Bewohnerinnen der oben bezeichneten Gegenden gleich sind. In der Wahl der Farben finden aber im weiteren Anzuge Unterschiede statt.

Die Jacke, ähnlich der Taille eines Kleides mit abgenähtem Oberarmstück und weitbauschigen Aermeln, ist um Waldkirch und Simonswald meist von kornblumenblauen Merinos; der in breite Falten gelegte und bis zu den Füßen reichende Rock dazu, oft von derselben Farbe, theilweise auch carmoisin oder hellgrün mit hellfarbigem oder schwarzem Besatz am Saum. — Das im Nacken geknüpfte Halstuch ist von buntblumigem Kattun und die Schürze von verschiedenfarbiger Wolle. Weiße Strümpfe und schwarze ausgeschnittene Schuhe sind hier gebräuchlich.

Bei der Feldarbeit bedient man sich zum Schutz gegen die Sonne eines breitrandigen gelben Strohhutes mit buntem Bande.

Um Donaueschingen ist die Jacke von schwarzem Orleans, ebenso auch der Rock, die Schürze von violetter Halbseide, die Fußbekleidung endlich besteht in hohen Schnürstiefeln von schwarzem Leder.

50

Baden

Simonswald-Waldkirch-Donaueschingen.

Baden.

Stauffen. Müllheim.

(Tafel 51.)

Die „Markgräflerinnen", die Bewohnerinnen des südlich von Freiburg gelegenen Weinlandes, dessen Erzeugniß denselben Namen führt, kennt man weithin im Schwarzwalde an den breiten Kopfschleifen, welche überhaupt in Baden je nach den Gegenden in verschiedener Weise getragen werden und eine der charakteristischen Trachten dieses Landes sind. Diese Kopfschleifen über dem Scheitel sind den meisten Bäuerinnenhauben im Schwarzwalde beigesellt, aber sie sind mit Ausnahme der Gegend um Offenburg unbedeutender und gewöhnlich um eine reich gestickte Mütze gebunden; hier sind sie zum Theil ohne diesen Zweck nur als Kopfzierde da. Sie sind von schwarzer Seide, mit lang herabhängenden seidenen Frangen besetzt und stehen flügelähnlich nach beiden Seiten des Kopfes; je nach den Gegenden sind sie auch etwas größer oder kleiner, glatt oder in zierliche Falten gelegt. Ein schwarzseidenes Band befestigt die Schleifen bei der Tracht der Frauen an einer Haube, welche am Wirbel breit zusammengedrückt und durch einen Einsatz von schwarzem Sammet mit kostbarer Metallstickerei verziert ist.

Bei der Mädchentracht endigen die Schleifen am Kopfe gewöhnlich in einer Schlinge von demselben Stoff, aus welcher der breite geflochtene Zopf am Rücken herabhängt.

Dieser volksthümliche Kopfputz bei Mädchen tritt jetzt nicht selten in Zusammenstellung mit moderner Bekleidung auf. Sind sie aber auch in der übrigen Tracht noch landesüblich gesinnt, so gehen sie so wie die Frauen, nur daß das vorschreitende Alter den dunklen Farben, wenn nicht dem einfachen Schwarz den Vorzug giebt.

Den Oberkörper bedeckt eine Jacke von dunkelgrünem oder schwarzem Tuch, mit langen engen Aermeln und einem Schößchen am Rücken versehen. Das buntseidene, meist rosenfarbige Halstuch mit Frangen ist am Nacken gebunden und läßt die Zipfel am Rücken herabhängen, während der breitgelegte Theil des Tuches über Brust und Hals in viele Falten geordnet ist. Der Rock, in üblicher Art am Bund in enge, nach unten weiter auslaufende Falten gebracht, ist von hochrother Wolle, die Schürze von dunkelblauem Leinen, und die Fußbekleidung besteht fast immer in schwarzledernen ausgeschnittenen Schuhen zu weißen Strümpfen.

51

Baden

Stauffen u. Müllheim

Baden.

Rickesbach bei Säckingen.

(Tafel 52 und 53.)

In dem unteren Theile des Oberrheinkreises hat sich das allemannische Costüm in Baden am eigenthümlichsten erhalten. Bei den Männern ist es besonders das rothe „Brusttuch", welches ihre Tracht bezeichnet. Es ist ein der Weste ähnliches Kleidungsstück, welches beinahe den ganzen Rumpf bedeckt; es wird aber an der rechten Seite zugehakt, im vorderen Theile wie am Rücken ist es geschlossen, und in den meisten Fällen von carmoisinrothem Tuch, dessen streifige Webekante am unteren Saum stehen bleibt, am Halsausschnitt, am oberen Theile der Brust und des Rückens aber ist es mit schwarzen Sammetstreifen besetzt. Zuweilen findet sich das Brusttuch auch von seidenem Damast in hochrother Farbe und in rautenförmigen Mustern mit Blumen. Das Hemd tritt oberhalb des Ausschnitts mit kleinem Bündchen und Krause heraus, während andrerseits die langen faltigen Hemdärmel am Handgelenk geschlossen sind. Nicht mehr durchgehende Tracht sind die weißen Kragen mit faltigem Besatz und vier langen weißen Bändern, woran sich Puscheln befinden, welche am Brusttuche herabhängen; diese Kragen sind schon am Hemd befestigt und nur hier und da noch in Gebrauch. Noch weniger hat sich die schwarze Leinwandkniehose erhalten, welche, in engste Falten gelegt und in überliegende Pauschen genäht der früheren Tracht angehörte; sie ist jetzt einer einfachen schwarzen Manchesterhose gewichen, welche am Knie gebunden wird. Der Rock ist sehr kurz, ohne Kragen, mit breiten Taschen, ohne Knöpfe, statt deren derselbe mit violetten Lederstreifen zusammengehalten wird. Der Schooß besteht aus vier Theilen. Am häufigsten ist der Rock aus schwarzem Sammet, sonst auch von Tuch oder Leinwand derselben Farbe. Weiß gestickte Wollstrümpfe und schwere lederne Bindeschuhe oder Stiefeln sind die Fußbekleidung. Der Hut von schwarzgefärbtem Stroh ist entweder im Kopf spitz, sich verjüngend mit einfach geschwungener Krempe, oder gerade entgegengesetzt mit oben breiterem Kopfe und einer ungewöhnlich starken Biegung der Krempe. Der untere Theil des Hutkopfes ist stets mit schwarzem gemusterten Sammetband umgeben.

Der Frauenrock, aus einem Stoff von Leinen und Wolle gemacht, reicht bis zum halben Unterschenkel; er ist im oberen Theile sehr faltenreich, von da ab nach unten weitfaltig und wurde früher auch in den Farben unterschieden, so daß er oberhalb gelb, unterhalb in schwarzer Färbung getragen wurde; die jetzige jüngere Generation hat diese Faltenabsätze auch beibehalten, in der Farbe aber ein gleichmäßiges Schwarz dafür angenommen. Das „Laibli" ist von rother Wolle, am Ausschnitt oberhalb sowohl wie an den Armen und endlich längs des Rückens mit vielen gemusterten schwarzen Sammetbändern benäht, an letzteren Stellen so dicht, daß nur feine Streifen des rothen Leibchens sichtbar werden. Unter das „Laibli" wird ein farbig gemusterter Brustlatz von Sammet gesteckt, über diesen ein schmälerer, etwa 19 cm breiter von rothem Tuch mit farbiger Sammetborte und schimmernder Metall-, Seiden- und Perlenstickerei. Durch zwei breite, schwarzseidene Bänder, welche das Laibli zusammenschnüren, werden auch die darunter befindlichen Brustlätze gehalten. Das Coller, welches sich unmittelbar diesem nach oben anschließt, ist durchaus ähnlich dem früher beschriebenen der Schwarzwaldgegenden, von Sammet, Tuch und Seide zusammengesetzt und mit Perlen, Flittern und geschlagenen Metallblättchen aufs Reichste verziert. Die Hemdärmel treten weitfaltig aus dem Laibli heraus, sie erreichen nahezu die Hand, sind aber häufig bis zum Ellenbogen heraufgestreift; am Bündchen sind sie farbig gestickt. Die dunkelblaue Leinwandschürze ist so lang wie der Rock, sehr breit und faltenreich. Die Seitentheile derselben zunächst des Gürtels sind mit breitem gemusterten Sammetband verziert und gestickt, ebenso ist der untere Saum und die Ecke durch eingestickte Blumen begrenzt, von wo aus feine gemusterte Streifchen mit Buntstickerei sich an drei Seiten nach der Höhe ziehen. Die Schürze wird durch ein einfaches Band um die Taille befestigt, ein breites buntseidenes aber wallt außerdem in Schleifen geschürzt hinten herab. Das „Tschöpli" oder Camisol von Tuch, dessen Aermel bis zum Handgelenk reichen, schließt sich eng an, und am Rücken bilden sich nach beiden Seiten zwei übereinandergelegte Schößchen. Zur älteren Tracht wählte man die carmoisinrothe Farbe. Während der vordere Theil und Aermel durch Sammetstreifen und farbige Seidenstickerei verziert wurden, sind die Schöße am Rücken mit weißem Flanell eingefaßt. Jetzt ist die herrschende Farbe für Stoff und Besatz ein einfaches Schwarz.

Die Mütze ist von schwarzem Damast und als eine Kappe geformt, die am Nacken in Falten zusammengezogen wird und deren Deckel von schwarzem Sammet eine aufrechtstehende Spitze bildet, welche mit Metallflittern und Perlen reich verziert ist; häufig sieht man die breiten Damastbänder neben den Zöpfen herabhängen, eigentlich aber werden sie über dem Deckel zu Schleifen geschürzt und hängen seitwärts der Kappe herab.

Die rothen Strümpfe sind die alte Tracht und nur noch bei einem Theile der jüngeren Generation gebräuchlich, die weißen sind größtentheils an ihre Stelle getreten. Die Schuhe sind von schwarzem Leder und weit ausgeschnitten.

52

Baden

Rickesbach

53

Baden

Rickesbach

Württemberg.

Betzingen, Ober-Amt Reutlingen.

(Tafel 54 und 55.)

Wenn Land und Leute mit gleichem Interesse unser Auge fesseln, dann ergänzt Eines das Andere, dann kommt in dem landschaftlichen Reiz die stattliche Tracht erst zur angemessensten Wirkung, sowie diese der Landschaft wieder eine charakteristische Vollendung giebt. Württemberg ist bekanntlich ein sehr fruchtbarer Theil unseres deutschen Vaterlandes, das liebliche Schwaben aber vereint mit diesem Vorzuge den vieler malerischen Schönheiten, und hier wohnen auch die interessanten Gestalten, deren Voreltern schon der Stolz des Mittelalters waren, zwar nicht mehr wie damals in Stahl und Eisen, denn die Schwabenstreiche, die ihr Landsmann Uhland besungen, sind heute nicht mehr im Schwange, aber gewiß mit nicht geringerer Genugthuung sieht der heutige schwäbische Landmann seine Siege gegen Wetter und alle geflügelten und vierfüßigen Feinde seiner Felder an, wie der damalige Schwabe im heiligen Lande die Niederlagen der Ungläubigen.

Denken wir uns indessen den Bauer im Aeußeren nicht etwa gegen seine übrigen deutschen Mitbewohner bevorzugt; zwar ist er groß gewachsen, breitschulterig und von regelmäßiger Gesichtsbildung, aber trotz dieser Eigenschaften und seiner auffallenden Tracht fehlt es ihm an fester Haltung. Wie sein „latschiger", schleppender Gang, so hängt ihm auch die ganze Garderobe am Körper.

Diese besteht zunächst aus einem Rock von weißer Leinwand, welcher in der Länge den halben Unterschenkel erreicht; er ist ungefüttert und mit einer Reihe messingener Knöpfe besetzt. Die Weste von rothem Tuch, mit kugelförmigen Zinnknöpfen besetzt, ist am Rücken in Schooßtheile geschnitten, der vordere Rand längs den Knöpfen mit Zacken ausgeschnitten; die Weste, welche am Werktage getragen wird, ist von schwarzem Tuch. Ueber dem gefältelten Hemde unter der häufig offenstehenden Weste geht ein buntgestickter Hosenträger quer über die Brust.

Die Hosen von gelbem Leder reichen bis an die Knie, sie sind an allen Nähten mit blumiger Stickerei verziert. Die schwarzwollenen Strümpfe werden durch ebensolche Kniebänder befestigt. Die Schuhe sind mit großen Messingschnallen verziert und geschlossen. Den Hals bedeckt ein schwarzseidenes Halstuch, ohne einen Vorstoß des Hemdes sichtbar werden zu lassen, am Knoten durch eine silberne Nadel in Form eines Blattes befestigt. Das „Schmeerkäpli" von schwarzem Leder ist die gebräuchliche Haus- und Wochentagsmütze. Zur Kirchentracht aber ist ein dreimal aufgeschlagener Filzhut üblich, der mit der Spitze bald nach vorn, bald im Nacken stehend, aufgesetzt wird, so wie auch dann ein langer blautuchener Rock mit modernem Kragen dazu getragen wird.

Im Steinlachthal werden die mit Pelz besetzten Sammetmützchen und schwarze Sammetjacken mit blanken weißen Knöpfen zu der sonst unveränderten Tracht der Betzinger getragen.

Wie stattlich ist die Mädchentracht, und wie frisch und fest schreiten sie einher; der kleidsame Schnitt, harmonische Farben und das saubere Weißzeug geben dieser Tracht den Vorzug vor allen anderen Württembergs.

Auf dem glattgescheitelten Haar, welches am Nacken in langen Zöpfen, mit schwarzwollenem Band durchflochten, herabhängt, sitzt oberhalb des Wirbels das „Kugelkäpli" wie ein kleiner Turban und zuweilen etwas schief. Es ist am häufigsten mit hellgeblümtem Kattun bezogen und durch schwarzseidenes Band oberhalb als Rosette und auch am Rücken lang herabhängend geschmückt. Ein eng gefalteter Rock von dunkelblauem Tuch, am Saum mit Goldtresse besetzt, reicht bis zum halben Unterschenkel. Ein Leibchen von carmoisinrothem Tuch mit Silberborten an den Seiten und am Rücken und mit grünseidenem Bande am Ausschnitte des Latzes besetzt, umkleidet Brust und Rücken; der untergelegte Latz ist von carmoisinrother Wolle mit bunter Seidenstickerei und durch die blauseidenen Schnürbänder des Leibchens großentheils bedeckt. Den Hals und oberen Theil der Brust verhüllt das Coller von rothem bedruckten Merino, mit breitem grünseidenen Bande, faltig und in Rosetten gelegt, eingefaßt. Unter dem Arme ist das Coller am Leibchen durch grüne wollene Bänder befestigt, welche nach der Taille gezogen, in Knoten geschürzt vorn herabhängen. Sie vereinigen sich mit den breiteren rothseidenen Bändern der Schürze, welche die Taille umgeben und gleichfalls vorn herabfallen. Die Schürze ist von feiner weißer Leinwand, mit einem herabfallenden Kantenbesatz oberhalb des Bundes, und wird nie ganz fest, sondern stets in kleinem Bogen um die Hüften gebunden. Die weißen langen Hemdärmel sind am Handgelenk durch ein Bündchen geschlossen, und eine daran befestigte Kantenmanchette fällt auf die Hand herab. Die Strümpfe sind von weißer Baumwolle mit weiß eingestickten Zwickeln, und durch buntgestickte, lang herabhängende Strumpfbänder befestigt. Die Schuhe von dunkelblauem Tuch mit schwarzem Leder an der Spitze, sind mit schwarzem Sammet am Ausschnitt besetzt. Den Schmuck bildet eine Kette von Granaten, die wenigstens achtmal den Hals erst eng und dann in allmählich weiter reichendem Bogen umgiebt. Ein schwarzes Sammetband, an dessen langem Ende ein Medaillon von Gold, hängt über der Kette bis zur Brust.

Die Kirchentracht ist wie die der Männer nur durch eine andere Kopfbedeckung und durch eine Jacke von der gewöhnlichen Kleidung unterschieden. Die Mütze, welche in der Kirche getragen wird, ist von schwarzseidenem Damast, im Nacken durch ein schmales Band zum Zusammenschnüren befestigt, während lange, breite Bänder, in der Gegend der Schulter in Schleifen geschlungen, über den Zöpfen herabhängen, welche auch zuweilen über die Haube gebunden werden und dann in Schleifen von der Mitte derselben herabfallen. Das halbe Gesicht aber ist durch einen schwarzen Tüllschleier bedeckt, welcher an der ganzen unteren Rundung der Mütze befestigt und am äußeren Ende bei den Zöpfen mit grüner Seide gestickt ist. Der „Kittel" oder die Jacke ist von schwarzer Leinwand mit engen Aermeln, weit ausgeschnitten und kurz. Durch buntseidene Bandschleifen ist sie über der Brust zusammengehalten.

In dem Nachbardorfe Wannweil ist die Mädchentracht dieselbe, bis auf das stets schwarzseidene Mützchen, welches auch in der Form von dem Betzinger „Kugelkäpli" abweicht und geradlinig nach der Höhe geht, von wo die schwarzseidenen Bänder am Rücken herabhängen; der Deckel der Mütze ist häufig von dunklem Kattun. Auch deckt bei dieser Tracht ein buntes Brusttuch Mieder und Coller.

54

Würtemberg

Betzingen.

55

Würtemberg

Betzingen.

56

Würtemberg

Freudenstadt. Rottenburg.

57

Würtemberg

Um Rottweil.

Württemberg.

Der Schwarzwaldkreis.

(Tafel 58.)

In Württemberg ist eine im Wesentlichen gleichartige Form in der Bekleidung des Bauern vorherrschend, von allen Gegenden des Landes ist nur der Schwarzwaldkreis ganz besonders noch einer Eigenartigkeit der Tracht zugewandt; wir haben aus diesem bereits die originellste und kleidsamste Landestracht, die der Betzinger dargestellt.

Es drängt sich zuweilen die Betrachtung auf, als ob in den Gegenden, welchen die Natur ein schöneres Kleid gegeben hat, auch der menschliche Sinn für originellen Putz mehr erwacht wäre. Im Württembergischen trifft dies wenigstens zu; alle flacheren Gegenden des Landes sind dürftiger in der Tracht und schließen sich nur dem allgemein Ueblichen an. Es ist in den gebirgigen Theilen weder die bloße Lust am Putz, noch sind es auch gerade lokale oder werkthätige Bedingungen, welche daran zum Ausdruck kommen, es ist gleichsam der von der umgebenden Natur geleitete Geschmack, der örtliche Charakter, welcher sich im Kleide ausspricht. Wie anmuthig ist die Tracht an den romantischen Abhängen der schwäbischen Alb, wie düster dagegen auf der Höhe des Schwarzwaldes und in der einsamen Gegend am Ursprunge des Neckar, wie absonderlich ist hier das kleidliche Aussehen. So verflacht sich die Tracht wie der Ausläufer des Gebirges, und wenn sie in der Ebene ihr Vaterland auch nicht verleugnet, so hat sie doch ein weniger reizvolles Aussehen, bleibt aber immer charakteristisch für ihre Oertlichkeit.

Die Tracht der Männer dieser Gegenden besteht in der kurzen Jacke, welche mit metallenen Knöpfen besetzt ist, oder dem langen dunklen Tuchrock über einer Weste ähnlichen Stoffs, kurzen Lederkniehosen, Strümpfen, Schuhen oder Stiefeln, einem runden Filzhut und dem bunten Hosenträger über dem weißen Hemd. Die Unterschiede in den verschiedenen Ort=

schaften bestehen in unwesentlichen Veränderungen des Schnitts, des Stoffs oder der Farbe. Die Frauentracht ist dagegen vielseitiger in der Form, namentlich in den eigenartig gestalteten Kopfputzen.

Das hervorragende Kleidungsstück der Männer ist im Schwarzwaldkreise immer der Rock, er ist das Fest- und Feiertagskleid, wie die Kirchentracht der Männer aller Orten immer durch diesen gekennzeichnet ist, denn wo der Rock nicht in besonderer Weise wie um Reutlingen die Jacke ersetzt, wird er auch nur außerhalb der Werkthätigkeit gesehen. In der Gegend um Freudenstadt und Alpirsbach ist er von dunkelblauem oder schwarzem Tuch und reicht bis zum halben Unterschenkel, er ist mit stehendem Kragen versehen, und das Futter ist hier stets von hellgrünem Flanell; er wird nicht mit Knöpfen, sondern mit Häkchen wie im badischen Schwarzwalde geschlossen. Dem ähnlich ist auch die kurze Jacke, welche häufiger als der Rock zur Anwendung kommt; sie ist von dunkelblauem Tuch oder schwarzem Sammet, erstere mit hellgrünem Aufschlag und flachen Metallknöpfen zu beiden Seiten desselben besetzt, und ebenso entspricht in Stoff und Farben auch die Weste diesem Geschmack, sie ist immer von dunklem Tuch oder Sammet mit zwei Reihen blinkender Knöpfe besetzt. Der Hemdkragen ist in dieser Gegend höher heraufgeschlagen und reicht bis unter das Ohr. Dieser Gebrauch scheint als schwarzwäldisch wohl der badischen Tracht entsprossen zu sein, da er in andern Gegenden Württembergs nicht mehr vorkommt. Das Halstuch ist von schwarzer Seide. Zur Beinbekleidung dienen kurze schwarze Lederhosen, welche mit ledernen Bändern unter dem Knie gebunden werden. Die Strümpfe sind entweder von weißer, schwarzer, hellblauer oder dunkelblauer Wolle. Ein runder Hut von schwarzem Filz, der nur selten noch zweiseitig aufgeschlagen getragen wird, vervollständigt die Tracht.

Die Frauentracht ist hier besonders in dem spitzen schwarzseidenen Mützchen mit Sammetdeckel und langen Bändern, welche von Nacken und Kinn herabhängen, charakteristisch. Das Haar ist von der Stirn nach der Höhe zu gestrichen und in lang herabhängende Zöpfe geflochten. Ueber dem ausgeschnittenen Mieder von dunkelblauem Tuch mit einfarbiger oder bunter Borte, in welches ein dunkelfarbiges, zuweilen auch blumiges Brusttuch von Kattun gesteckt wird, bedeckt eine Jacke ohne Schößchen mit engen oder bauschigen Aermeln den Oberkörper; sie ist von dunklem Tuch mit seidener gefältelter Einfassung oder von farbigem Kattun gemacht. Der Rock reicht gewöhnlich bis zum Knöchel und ist am häufigsten von farbiger Wolle in oben enger, nach unten sich ausbreitender Faltenlage. Die Schürze ist von Wolle oder Kattun in dunklen Farben. Der breite gelbe Strohhut mit dem auf der einen oberen Hälfte strahlenförmig auslaufenden Ausputz von schwarzen Strohbändern, welche am Rande der breiten Krempe in Rosetten zusammengerollt sind, kommt nur noch selten vor. Er ist noch ein allemannisches Ueberbleibsel, wie es ständiger jetzt noch in der Schweiz getragen wird. Weiße Strümpfe sind gewöhnlich in Gebrauch, schwarze in der Trauer üblich, und in Beziehungen zu Fest- oder Werktag wechselt man auch mit ausgeschnittenen oder hohen ledernen Bindeschuhen.

So kleidet sich im Allgemeinen der protestantische Theil der weiblichen Bevölkerung, und es ist deshalb als charakteristisch zu erwähnen, daß die Frauen katholischer Confession in lebhafteren Farben, z. B. hochrothen Schürzen, Tüchern und dergleichen, erscheinen.

Bei Rottenburg ist die Männertracht heiterer in den Farben, die Jacken sind hier von hellblauem Wollenstoff mit weißen flachen Metallknöpfen, über einer hochrothen Tuchweste mit kugelförmigen Metallknöpfen besetzt, die Lederhosen hellgelb, die Strümpfe blau. Diese Gegend bis hinter Rottweil ist in der Kopftracht der Frauen besonders bemerkenswerth. Ein schwarzseidenes gestepptes Häubchen bedeckt den Oberkopf, an der Rückseite desselben zeigt sich ein farbiger Sammetdeckel mit reicher Metallstickerei, über diesem jedoch erhebt sich etwa 19 cm hoch ein halbkreisförmiger Kamm, auf einem Drahtgestell mit schwarzer Chenille netzförmig bespannt und am Rande dicht zusammengesetzt; vier breite schwarzseidene Bänder fallen von der Seite des Sammetdeckels am Rücken herab, doch so, daß sie den langen Zöpfen freien Spielraum gewähren, welche am Ende von rothseidenen breiten Bändern symmetrisch geknüpft, zusammengehalten werden. Die Jacke ist meistens von schwarzem oder dunkelfarbigem Sammet mit weiten bauschigen Aermeln. Am Halsausschnitt ist dieselbe durch einen weißen Kantenkragen abgeschlossen, über welchen die Bäuerinnen noch ein farbiges halbseidenes Halstuch zu knüpfen pflegen, dessen Enden vorn herabhängen. Der Rock ist von schwarzer Wolle, die Schürze von farbigem wollenen Damast, letztere ist breit und faltenreich und am unteren Theil mit einem Volant besetzt. Die Strümpfe sind von weißer Wolle, die Stiefeln von schwarzem Leder.

In der Baar (dem südlichen Theile des Schwarzwaldkreises) ist die Männertracht der anfänglich beschriebenen ähnlich und zeigt folgende Farbenzusammenstellung: der Rock ist dunkelblau mit weißem oder rothem Futter, die Hose schwarz, die Weste von rothem Tuch mit rothbesponnenen oder silbernen Knöpfen, der Hut von schwarzem Filz mit blanker Schnalle, die Strümpfe weiß. Bei jungen Burschen ist außerdem ein kurzes schwarzes Wamms mit blanken Knöpfen und Taschen gebräuchlich, auch ist bei diesen der dunkelblaue Tuchrock kürzer als bei verheiratheten Männern.

An dem weiblichen Postboten in Schwenningen, dem „Briefmädli", welchem die Besorgung ankommender und abgehender Briefe obliegt, ist die Frauentracht dieser Gegend aufs Genaueste ersichtlich. Unterschiede zwischen Frauen- und Jungfrauentracht existiren hier nicht, wie ich an Hochzeitsfestlichkeiten, welche für derartige Gebräuche das Maßgebendste sind, zu beobachten Gelegenheit hatte. Selbst die Braut unterschied sich hier nicht durch den früher üblichen Kranz, und auch die Kleidungen der zahlreichen Hochzeitsgäste waren in Schnitt und Farben sich genau ähnlich.

Das Hauptkleidungsstück, der schwarzwollene Rock, ist in enge Falten gelegt und reicht bis über die Knöchel; an ihn schließt sich oberhalb das Mieder, „Leibli", von schwarzer Seide mit Sammetblumen an, am Rücken desselben ist ein dreiseitiger, mit der Spitze nach oben gerichteter Einsatz von schwarzem Tuch mit weißer Schnur eingefaßt; der in der vorderen Seite daruntergesteckte Latz ist ebenfalls schwarz mit schmalem rothen Saum, er wird meistentheils nicht sichtbar oder doch nur dann, wenn die schwarzseidenen Bänder, welche das „Leibli" in gekreuzter Schnürung und durch silberne Häkchen gezogen, zusammenhalten, eine Durchsicht gestatten. Den Hals deckt ein viereckiger Kragen von weißem Piqué mit einer gefalteten Krause am vorderen Rande, am Rückentheil schließt sich dem noch ein viereckiges Stück von durchzogenem Tüll an. Durch Bänder, welche von den vielen Ecken des Kragens aus unter dem Arm hindurch gehen, ist derselbe vorn am Latz befestigt. Die Schürze ist von schwarzem, durch Leim glänzend gemachten Leinenstoff, in überreicher Faltenfülle. Durch Aufhängen in feuchte Kellerluft und nachheriges sorgsames in enge Falten Streichen, werden diese, wenn der Leim sich an warmer Luft wieder verhärtet, fixirt. Befestigt wird die Schürze am Rücken durch schmale Bänder, während breitere schwarze Bänder vom Gürtel, und in handbreiter Entfernung von einander, hinten herabhängen. Vom Haar ist fast nichts wahrzunehmen, da der Kopf mit einer runden Kappe von schwarzem Damast völlig bedeckt ist. Eine Zugschnur befestigt dieselbe am Nacken. Von da fallen die schwarzseidenen Bänder längs des Rückens neben den geflochtenen Zöpfen herab, letztere noch durch schwarze Bänder bis zu den Füßen verlängert. Ueber dem Leibli wird eine Jacke von schwarzem Tuch getragen, die Einfassung der vorderen Ränder, sowie auch der Aermel an den Handgelenken ist von schwarzem gemusterten Sammetbande. Die Strümpfe sind von purpurrother Wolle, die Schuhe ausgeschnitten und von schwarzem Leder.

58

Würtemberg

Schwenningen.

Württemberg.

Ulm.

(Tafel 59.)

Die Ebene des Donaukreises bietet, wie Eingangs gesagt, nur ein spärlicheres Bild der Landestracht; das allgemein Landesübliche hat in dieser Hinsicht hier die Herrschaft erreicht, ohne Eigenthümlichkeiten für sich herauszubilden. Die südlichen Gegenden dieses Landestheils sind sogar schon sehr vom allgemeinen Trachtengebrauch abgewichen, doch ist die Umgegend von Ulm noch ganz charakteristisch.

Der Männerrock ist hier von schwarzem Tuch, theilweise roth gefüttert; die Jacke von dunkelblauem Tuch, von schwarzem Sammet, schwarzem Tuch oder grauem Leinenstoff, mit weißen flachen Metallknöpfen oder besponnenen besetzt; die Weste, von schwarzem Sammet oder Tuch, rothem Tuch mit Metallknöpfen und farbig gestickten Knopflöchern. Die Hosen sind von schwarzem Leder, in der rechten Tasche das nie fehlende silberne Besteck. Weiße, blaue, schwarze, streifige oder gemusterte Strümpfe und hohe lederne Bindeschuhe mit ausgefranzten Laschen bedecken Unterschenkel und Füße. Das Halstuch ist wie in allen Gegenden Württembergs schwarz und der hervorstehende schmale Hemdkragen heruntergeschlagen. Der Hut von schwarzem Filz ist theils mit runder Krempe, zuweilen aber auch heraufgeschlagen. Neben dieser Tracht ist hier der blauleinene Kittel mit rother Schnur sehr beliebt.

Das Beachtenswerthe der Frauentracht, die sich im Allgemeinen der sonst landesüblichen anschließt, besteht in unwesentlichen Veränderungen. So tragen die Frauen über dem Mieder einen weißen Kragen; das darüber den Hals eng umschließende Halstuch ist am Nacken geknüpft, und die Oberjacke durch Schleifen zusammengehalten. Die Stoffe sind den übrigen bereits genannten Landestheilen durchaus entsprechend, und in den Farben meist dunkel, insbesondere die Kappe immer schwarz. Die blauen Strümpfe sind durch farbig gestickte Zwickel, wie auch der Rock durch einen Sammetstreifen am Saum verziert.

59

Würtemberg

Ulm.

Bayern.

Die fränkische Schweiz.

(Tafel 60.)

In der so benannten Hochebene in der Nähe von Nürnberg, Bamberg und Baireuth charakterisirt sich in den hauptsächlichsten Theilen der Bekleidung der Männer die mitteldeutsche Tracht.

Da ist noch der fast unförmliche schwarze Filzhut in Gebrauch mit dem niedrigen Kopf und der ungeheuren breiten Krempe, die, an zwei Seiten heraufgeschlagen und einen Winkel bildend, durch Schnuren aufrechtstehend erhalten wird; die so nach außen gekehrte Seite der Krempe ist mit schwarzen Sammetbändern und einem gelben Knopf verziert. Ich bezeichnete ihn als unförmlich, weil trotz dieser festbestimmten Formenanordnung die große Krempe durch die Weichheit des Stoffes die eigenwilligsten Formen annimmt; dazu kommt noch seine mehrfache Verwendung, entweder er dient zum Schutz gegen die Sonne, wenn der wagerecht stehende Theil der Krempe das Gesicht beschattet, oder gegen den Regen, wenn er verkehrt, die Spitze nach vorn aufgesetzt, das auf dem Hut gesammelte Regenwasser rückwärts herablaufen läßt; auch wird er bald schief, bald gerade aufgesetzt, was für den ersten Anblick ebenfalls seine Grundform erschüttert. Bei der jüngeren Generation der Männer scheint diese Art der Kopfbedeckung sehr wenig Sympathien zu finden, weil sie eine dieser ganz entgegengesetzte Form gewählt hat; hier ist nicht der niedrige Kopf, sondern der hohe, spitz zulaufende beliebt und die Breite der Krempe auf ein geringstes Maß eingeschränkt, eine Seidenschnur ist mehrmals um den Kopf geschlungen und bei Festlichkeiten ein bunter Blumenstrauß daran befestigt. Eine dritte Hutform ist der Gattung nach cylinderförmig, in Kopf und Krempe stark geschwungen. Sonst sieht man auch vielfach dunkle Tuchmützen mit aufrechtstehender Krempe von Pelz und vorn über der Stirn herabhängender Troddel von Seide.

Der Rock ist von dunkelblauem Tuch mit schmalem aufrechtstehenden Kragen, flachen silbernen Knöpfen und hellgrün ausgenähten Knopflöchern. Das Futter der Schöße ist entweder von weißem oder hochrothen Wollenstoffe. Die Weste von grünem Sammet oder hochrothen Tuch ist neben den silbernen Knöpfen in farbiger Seide litzenähnlich besetzt. Hinsichtlich der Knöpfe ist es hier wie auch in Oberbayern noch sehr Gebrauch Münzen, Sechskreuzerstücke bis zum Kronenthaler mit Oesen zu versehen und statt der Knöpfe anzunähen. Wenn es schon zu lustig im Wirthshause hergegangen und die Tasche des flotten Tänzers erschöpft ist, hilft ein Messer, die Knöpfe fliegen von Rock oder Weste und durchwandern wieder ihrer Bestimmung gemäß die Welt. Wer diese Gegenden auch nur vorübergehend kennen gelernt hat, hat wohl auch im gewöhnlichen Verkehr Geldstücke empfangen, an denen noch die Oesen als Spuren ihrer ehemaligen Verwendung sichtbar waren.

Bei der jungen männlichen Bevölkerung ist die Weste weit einfacher in Besatz und Farben. Die Beinbekleidung besteht in Tuchpantalons. Die älteren Männer, die Erhalter echter Volkstracht, tragen die Kniehose von schwarzem Leder mit Riemen am Knie gebunden und diese noch am Stiefel befestigt, so daß der weiße Strumpf nur wenig sichtbar ist. Den Hals bekleidet ein schwarzes Tuch, über welches der Hemdkragen, mit Zwirnkante besetzt, heruntergeschlagen ist.

Auch bei den Frauen ist die Kopfbekleidung das Originellste an der Tracht und je nach Stoff und Besatz, wenn ein anmuthiges Gesicht daraus hervorsieht, von großem Reiz. Sie besteht aus einem Tuch in der Größe von etwa vier Fuß im Quadrat, welches derartig zusammengelegt wird, daß es doppelt übereinanderliegend ein ungleichseitiges Dreieck bildet; die Mitte der längeren Seite wird auf die Höhe der Stirn gelegt und demnach fallen die beiden sich berührenden rechtwinkligen Zipfel, an welchen zwei dünne Schnürchen befestigt sind, am Rücken herab, die spitzwinkligen Zipfel aber zu den Seiten des Gesichts. Letztere gehen nun unter den rechtwinkligen Zipfeln um den Kopf, um schließlich, auf der Höhe des Scheitels in einen Knoten geschürzt, wieder an den Seiten herabzufallen; wo sie sich aber bei der Umschlingung des Kopfes im Nacken begegnen, werden sie durch die erwähnten Schnürchen der beiden rechtwinkligen Zipfel festgebunden, und diese, dadurch unsichtbar geworden, machen die am Rücken herabhängenden Enden des Tuches kürzer und breiter. Die bedruckten Kattuntücher, gewöhnlich hochrother Grund mit bunten Blumen, sind am gebräuchlichsten, an hohen Festtagen aber ist es ein weißes Tuch von feinster Leinwand mit Kanten besetzt.

Bei Oberbaiersdorf besteht die Kopftracht der Frauen in einem mit Krausen besetzten Deckel von schwarzer Seide; derselbe ist halbrund gebogen, durch vorn geschlossene Wangen und Kinnbänder am Kopfe befestigt, und steht schräg vom Scheitel empor. Im Nacken hängen zwei Bänder von schwarzer Seide herab; über der Stirn wird diese Haube durch ein dunkelfarbiges Kopftuch gehalten.

Der engfaltige Rock, welcher den halben Unterschenkel bedeckt, ist immer von Wolle und in den verschiedensten Farben, hochroth, carmin, grün, blau; auch die gebrochenen Farben sind nicht ausgeschlossen. Am unteren Saum ist er stets mit einem Streifen besetzt, der zu der Farbe des Rockes in Harmonie steht. Das Mieder aber, gewöhnlich von dunkelblauem Tuch, viereckig ausgeschnitten, ist immer mit hellgrüner Seide eingefaßt. Unter einem buntbedruckten Brusttuch bedeckt das Hemd den oberen Theil der Brust, während die Aermel bis zum Ellenbogen reichen. Ein großes schwarzseidenes Tuch oder mehrere in einander verschlungene Tücher sind nach Erforderniß bald eng, bald nachlässig um den Hals gelegt und am Nacken in herabhängende Schleifen gebunden. Die Jacke, im Ausschnitt wie das Mieder, ist auch wie dieses mit hellgrüner Seide eingefaßt; die Aermel sind faltig und im Stoff ist dieses Kleidungsstück gewöhnlich von Seide, in lebhaften Farben. Die Schürze ist demselben Wechsel von Stoff und Farben unterworfen; an Festtagen ist sie von gemustertem Seidenstoff mit Goldspitzen besetzt, die vorn herabhängenden Bänder sind ebenfalls von Goldstoff mit bunten Blumen. Die weißen Sonntagsstrümpfe haben farbige Zwickel, sonst aber werden auch andere Farben zu den Strümpfen gewählt und aus praktischen Gründen auch solche getragen. Die ausgeschnittenen Schuhe sind von schwarzem Leder mit einer Franze am Spann besetzt. Als Halsschmuck benutzt man vielfach Granatenperlenketten, an denen zuweilen auch ein goldenes Medaillon hängt.

60

Bayern

Fränkische-Schweiz.

Bayern.

Dachau.

(Tafel 61.)

Die Tracht des Bauern um Dachau hat mit der eigentlich oberbayrischen, unter welcher man gewöhnlich die hochländische Tracht versteht, noch nichts gemein; seine Bekleidungsstücke sind mehr nach schwäbischer Art. Am Sonntag in der Kirche trägt der Bauer hier den langen schwarzen Tuchrock mit schwarzen besponnenen Knöpfen. Der aufrechtstehende Kragen, sowie die Aufschläge des Rockes zu den Seiten der Brust sind mit grünem Sammet eingefaßt. Sonst ist der Bauer aber nur mit einer Jacke bekleidet, welche gerade herabfallend und ohne Schooß bis unter die Hüften reicht. Der Umfallkragen oder Shawlkragen, sowie alle Ränder der Jacke sind mit schwarzseidenem Bande eingefaßt, welches am Rücken zierliche Verschlingungen bildet. Im Stoff ist dieses Kleidungsstück gewöhnlich von Tuch in brauner, grüner oder auch blauer Farbe, zuweilen auch von schwarzem Sammet und mit blinkenden Knöpfen zu beiden Seiten geziert, welche übereinandergesetzt eine nach oben gebogene Linie bilden. Die Weste ist entweder von dunkel gemustertem Sammet oder noch häufiger von hochrothem Tuch und im Rückentheil stets von demselben Stoff wie vorn; durch Knöpfe von Silbermünzen (halbe Guldenstücke, denen eine Oese zur Befestigung angelöthet ist) wird die Weste geschlossen. Die Kniehose mit gesteppten Verzierungen und Nähten ist von schwarzem Leder und wird am Knie schon durch die Schäfte der hochheraufgezogenen Stiefeln gedeckt. Der Hut von schwarzem Filz ist in der Höhe des Kopfes spitz zulaufend und am Anschluß der breiten Krempe mit schwarzseidenem Band umwunden.

Die viel eigenthümlichere Tracht der Frauen ist zwar in allen einzelnen Theilen mit Geschmack zusammengestellt, doch wird durch die Art des Anziehens mit dem Unterbau unförmlicher Hüftenpolster und die übermäßige Fülle der Rockfalten, welche in der einen Hälfte so dicht sind, daß sie am unteren Saum 1 1/2 Zoll Tiefe haben, die Figur einer selbst gutgewachsenen Bäuerin gänzlich verunstaltet.

Von der unteren Bekleidung ist außer den weitbauschigen Hembärmeln, welche bis unter den Ellenbogen reichen und dort mit einer Kantenkrause besetzt sind, nur noch der grüne dickwollene Unterrock sichtbar; das daran befestigte grünwollene Leibchen tritt an der Brust und der bunte Damastbesatz desselben am Rücken hervor, vom Unterrock selbst aber am Saum die rothgelbe Streifenborte.

Der eigentliche Rock nun, welcher darüber gezogen und wie der Unterrock mit einem Leibchen versehen ist, ist stets von dickem Wollenstoff in schwarzer Farbe mit gelben Streifen am Saum. Das Leibchen ist ebenso mit einer bunten Damastborte eingefaßt und mit zwei goldenen Tressen am Rücken geziert. Am vorderen Theile seitwärts der Brust befinden sich zu jeder Seite je sechs Ringe, durch welche die buntzackigen, im Grundstoff blauen Wollenbänder gezogen werden und so das Leibchen zusammenschnüren; zugleich halten die Schnürbänder aber auch den bunten Damastlatz, welcher darunter gesteckt ist und mit seinen, im oberen Ausschnitt aufwärts stehenden Spitzen das bunte Damastkoller zum Theil deckt. Den Hals umschließt ein rund gewundenes Tuch von schwarzem Rips, welches vorn mit Goldtresse besetzt und durch ein silbernes, mit Steinen verziertes Schloß zusammengehalten wird. Die Schürze von gewöhnlich halbseidenem Stoff in streifigen oder quadrirten Mustern ist mit einem breiten Bund von schwarzem Sammet versehen und durch vorn herabhängende seidene Schleifen verziert. Die einfach blauwollene Schürze ohne Muster und mit rothen Schleifen scheint besonders beliebt zu sein.

Einen besonderen Schmuck erhalten die blauwollenen Strümpfe durch Stickerei von weißer Wolle in den verschiedenartigsten Streifmustern. Der Schuh ist weit ausgeschnitten, von schwarzem Leder, mit schwarzem Sammet und Frangen am Spann besetzt.

Das in Flechten geordnete Haar, welches mit einem rothwollenen Bande gebunden ist, wird wie dieses nur im Nacken oder durch den durchsichtigen Tüll der Haube schimmernd, am Scheitel sichtbar; den Kopf deckt die bunte Damasthaube mit den breiten schwarzen Seidenschleifen auf der Höhe des Scheitels, und der daran befestigte Schirm von schwarzem durchzogenen Tüll beschattet den ganzen oberen Theil des Gesichts.

Das die Tracht vervollständigende Kleidungsstück ist auch hier wieder eine Jacke von halbseidenem Stoff in blumigen oder quadrirten Mustern, mit hochgepolsterten Aermeln versehen und mit breiten Silberknöpfen und Silberschnüren über der Brust zusammengehalten.

61

Bayern

Dachau.

Bayern.

Jachenau. — Schliersee. — Mittenwald.

(Tafel 62 und 63.)

In der Jachenau sind die Joppen der Männer gewöhnlich von braungrauem oder auch von dunkelblauem dicken Wollenstoff, der aufrechtstehende Kragen, die Aufschläge der Rockflügel wie auch der Aermel aber immer von blaugrünem Tuch und die Knöpfe von Metall oder Horn. Von gleichem Stoff und ebenfalls von grüner Farbe, wie der Kragen der Joppe, ist auch die Weste, welche mit zwei Reihen gelber Metallknöpfe besetzt ist; munter hebt sich das rothe Halstuch mit dem umgeschlagenen Hemdkragen von dieser ab. Die schwarzledernen Hosen mit weißgesteppter Naht schließen nicht eng am Knie an, sondern lassen bei jeder Bewegung die wettergebräunte Kniescheibe zum Vorschein kommen.

Die Strümpfe von weißer Wolle sind mit weißen Zwickeln verziert. Die Fußbekleidung besteht aus hohen Bindeschuhen von schwarzem Leder und endlich die Kopfbedeckung aus einem Hut von schwarzem Filz mit grüner Seidenschnur umwunden, von welcher nach hinten eine seidene Puschel herabhängt; die nach oben spitz zulaufende Form des Hutkopfes ist hier allgemein, die Jäger pflegen ihn noch mit breitem grünen Bande, dessen Enden als Schleifen herabfallen, zu umwickeln; es ist dies dieselbe Ausstattung des Hutes wie er auch bei den Frauen vorkommt und auf der Bildtafel dargestellt ist. Von dem kurz geschnittenen Haar hängen seitwärts der Schläfen lockenähnliche Büschel herab, das markige Gesicht wird aber besonders durch den allgemein üblichen Schnurrbart gehoben.

Um Mittenwald fand ich die Tracht nur wenig von der vorhergehenden unterschieden, die Joppen von braunem Biber waren hier noch mit Taschen versehen, die Weste von rothem Tuch, das Halstuch schwarz und der Hut etwas weniger spitz.

Besonders anmuthig ist die Männertracht um Tegernsee und Schliersee. In den dazu gewählten Stoffen und Farben ist zwar keine besondere Veränderung bemerkbar, aber der

Zuschnitt ist kleidsamer und wird gehoben durch vielerlei farbige Steppnähte, Schleifen und Stickereien. Die braungraue Joppe ist kürzer, die halb offene grüne Tuchweste mit den silbernen Kugelknöpfen läßt den rothwollenen gestickten Hosenträger, sowie auch das rothseidene Halstuch auf dem weißen Grunde des Hemdes sichtbar werden. Die schwarzen Lederhosen sind weiter und kürzer, an den Nähten in Verzierungen gestickt und am unteren Rande mit grünen Schleifen geschmückt. Dicke Wadenstrümpfe von bräunlich grauer oder von weißer, bei Jägern auch von grüner Wolle mit vielen sich wiederholenden Verschlingungen in weißer oder grüner Farbe benäht, decken die Unterschenkel bis zum Knöchel, dieser aber bleibt bis zum Rande der hohen Bindeschuhe unbedeckt, wie oberhalb zwischen Strumpf und Hosen das Knie. Der grüne oder auch schwarze Hut von Filz mit rundem Kopf ist von einer hellgrünen seidenen Schnur umgeben und je nach Wahl mit verschiedenen Alpenzeichen, Gemsbart, Hahnenfedern, Alpenblumen und Cocarden geschmückt. Auch das Besteck, bestehend in Messer, Gabel und Löffel von Silber oder mit silbernen Beschlägen, in schwarzer Lederscheide, welches aus der rechten Hosentasche herausschaut, fehlt bei dieser Tracht nie.

Die Frauentracht ist in Oberbayern fast noch gleichmäßiger als die der Männer. Die buntblumigen Röcke mit den kleidähnlichen Taillen haben den früheren und originelleren Trachtengebrauch, wo das Leibchen von anderer Farbe wie der Rock ist, schon zum größten Theil verdrängt. Bei der alten Tracht reichen die am Leibchen befestigten Aermel nur bis zum Ellenbogen und der Rock ist in der Mitte durch einen dunkelfarbigen Querstreifen verziert.

Die Uebertaille, welche kürassähnlich die Jacke bedeckt, ist von glänzend schwarzem Orleans und mit Fischbeinstäben ausgesteift; sie wird nicht in der vorderen Mitte, sondern etwas mehr an der Seite zugehakt und durch schmale Spangen, welche aber jederzeit durch das Halstuch verdeckt sind, auf den Schultern festgehalten. Auf der vorderen Hälfte sind zu jeder Seite je sechs silberne Agraffen mit Haken angebracht, durch welche das „Geschnür", der reiche Schmuck der silbernen Ketten, gezogen ist, und an diese sind dann wieder verschiedene Anhängsel in Form von runden oder viereckigen Medaillen, von in Silber gefaßten Zähnen oder auch Vogelkrallen, Amuletten u. dergl. befestigt. Ebenso kostbar ist auch das silberne Kettenhalsband mit dem goldenen, durch bunte Steine reich verzierten Schloß.

Das Halstuch ist bei so kostbarem Schmuck dann von farbiger Seide mit buntgewirkter Blumenborte, bei der gewöhnlichen Wochentagstracht aber nur von Kattun oder Halbwolle, ebenso verhält es sich mit der Schooßjacke, welche ich aber nur bei alten Frauen gefunden habe, und mit der Schürze, die weit und faltenreich ist, und deren Bänder vorn in Schleifen herabhängen. Die Strümpfe sind weiß oder blau und die hohen Schuhe von schwarzem Leder.

Mädchen und jüngere Frauen sieht man meistens mit dem spitzen schwarzen Filzhut, der mit dicken Goldschnuren am Hutkopf so dicht umwickelt ist, daß diese wie ein breites Goldband denselben umgeben; sie endigen in zwei dicken Goldquasten, welche beim Aufsetzen des Hutes dem Nacken zugekehrt werden. Die untere Seite der Krempe ist mit farbigem, oft buntblumigem Stoff gefüttert, in Faltenlagen, welche strahlenartig nach dem Hutrande zu sich ausbreiten, während um die Oeffnung des Hutes eine den Kopf wie ein Schein umgebende Goldtresse gesetzt ist.

Diese allgemeinste und kleidsamste Form der Kopfbedeckung erfährt in der Jachenau nur zuweilen die Veränderung, daß, wie schon bei der Männertracht erwähnt wurde, der Hutkopf mit hellgrünem oder schwarzem Bande umwickelt wird, welches nach hinten in Schleifen herabhängt; nur Deckel und Krempe lassen in diesem Falle noch den Grundstoff des schwarzen Filzes erkennen.

Dann ist auch die runde schwarze Otterfellkappe mit dem goldenen Deckelchen, welches in Form eines Kreuzes die Höhe der Mütze einnimmt, durch ganz Oberbayern gebräuchlich, und endlich wird am Schliersee noch eine den Kopf eng umschließende gestrickte Kappe von schwarzer Baumwolle von Frauen und Kindern jeden Alters getragen.

62

Bayern

Schliersee.

63

Bayern

Jachenau.

Bayern.

Schwäbisch Bayern.

(Tafel 64.)

Im Kempten sind die langen Männerröcke mit aufrechtstehendem oder auch umgeklapptem Kragen von blauem, grünem oder schwarzem Tuch oder auch von schwarzem Sammet in Gebrauch. Der Hut von schwarzem Filz, welcher auch hier im Kopf spitz zuläuft, ist zuweilen am oberen Theil desselben tief eingedrückt, so daß der Deckel des Hutes breit heraustritt; mit schwarzem Sammetband und Puscheln verziert, wird er häufig über die schwarzseidene Zipfelkappe gesetzt, deren langer Zipfel mit Quaste seitwärts oder am Rücken herabhängt. Die Weste ist von scharlachrothem Tuch oder schwarzem Sammet mit einer Reihe silberner oder messingener Knöpfe besetzt. Dazu werden kurze schwarze Lederhosen, aus denen wohl seitwärts die silberne Uhrkette mit Berloque herabhängt, weiße oder blaue Strümpfe und weit ausgeschnittene Schuhe mit breiten silbernen Schnallen getragen, oder statt der letzteren Stiefel mit halbhohen Schäften.

Auch in der Frauentracht zeigt sich wieder die schwäbische Art in spitz zulaufender Goldkappe mit tiefliegendem Boden, welche auf schwarzer Untermütze befestigt und mit vielen schwarzseidenen, von Kinn und Nacken herabflatternden Bändern geschmückt ist; doch wird auch hier noch die in Oberbayern beliebte Pelzkappe mit Golddeckel viel getragen, oder man begnügt sich mit dem rothen und mit bunten Blumen bedruckten Kopftuch, dessen Zipfel, im Nacken geknüpft, seitwärts herabhängen. Die übrige Bekleidung der Frauen, bestehend in Röcken mit kleidähnlichen Taillen oder Jacken von quadrirten Stoffen, in Schürze, Halstuch und hohen Bindeschuhen auf weißen Strümpfen, bietet als Bauerntracht nichts besonders Charakteristisches; nur der Haartracht, welche unter der Goldkappe chignonartig gestaltet ist und des dunklen Halstuches, welches in der Kemptener Gegend im Nacken geknüpft, mit den Zipfeln am Rücken herabhängt, sei noch erwähnt.

64
Bayern.

Böhmen.

Kreis Pilsen.

(Tafel 65—67.)

Jeder der beiden in Böhmen wohnenden Volksstämme, die Deutschen und die Czechen, haben ihr Eigenartiges in der Bekleidung. Daß die czechischen Bewohner sich lieber in helle Farben kleiden, die deutsche Bevölkerung zumeist in dunkle, ist eine bekannte Wahrnehmung, die auch im Pilsener Kreise wenigstens in der Frauentracht ihre Bestätigung findet.

Bei der Männertracht dieser Gegend fällt ein derartiger Unterschied nicht auf. Der Rock ist von dunkelblauem Tuch und reicht bis zur Hälfte des Unterschenkels; er ist mit stehendem gesteppten Kragen versehen und längs der vorderen Oeffnung zu beiden Seiten etwa 14 cm breit, mit hochrother Wolle gefüttert und durch ebensolche Schnur eingefaßt, im übrigen Theile ist weißwollenes Futter. Längs des vorderen rechten Randes ist der Rock mit flachen Knöpfen von Messing besetzt, in so dichter Aufeinanderfolge, daß die Knöpfe vom Kragen bis zum unteren Rande des Rocks in der Zahl ein halbes Hundert überschreiten. Die Knopflöcher, sowie eine Verzierung am Rücken, sind hellgrün eingefaßt oder gestickt. — Zu leichterer Bekleidung bedienen sie sich statt des Rocks einer Jacke mit kurzem Schooß, welcher, wie beim Rock, am Rücken dreitheilig aufgeschnitten ist. Am vorderen Rande ist die Jacke nach unten schräg weggeschnitten und an den Seiten mit Taschen versehen. Sie ist ebenfalls von dunkelblauem Tuch mit rothem Vorstoß, und längs des Randes mit Messingknöpfen besetzt. — Die Weste ist genau dasselbe Kleidungsstück in Schnitt, Stoff und Farbe, nur wenig kürzer und ohne Aermel. — Die gelben Lederhosen reichen bis zum Knie, sie sind an den Nähten und am Bund in reicher Verzierung abgesteppt. — Die Strümpfe sind von weißer Wolle, die Schuhe von schwarzem Leder mit Laschen, die nach unten ausgezackt und mit durchgeschlagenen Löchern verziert sind. Statt der Schuhe bedient man sich auch halbhoher Stiefeln. — Zur Kopfbedeckung dient ein schwarzer Filzhut mit niedrigem Kopf und breiter Krempe; er ist außer einer schwarzen Schnur, die den Hutkopf umgiebt, mit Schleifen von schwarzem Sammet verziert, welche in Fülle am Nacken herabhängen und vorn mit gelbmetallner Schnalle zusammen gehalten werden. Diese Schleifen sind nur Burschen von gutem Ruf erlaubt, auch verheirathete Männer tragen sie nicht mehr. Dann behauptet die grüne Sammetkappe, mit seidenem Bande und Puschel besetzt und mit Pelz umrändert, auch hier ihr Recht als deutsche Bauernmütze. Aeltere Männer tragen zuweilen dunkelblaue Tuchmützen mit Lederschirm und schwarzem krausen Hundefell besetzt, mit Schleifen und Puschel an der vorderen Seite und am Deckel. Endlich folgt die schwarze vielgebräuchliche Zipfelmütze. Kinder tragen auch helle Filzhüte mit buntem Bande und gemachten Blumen verziert.

Ist dies die Tracht des Deutschen im Pilsener Kreise, so geht der czechische Bauer dieser Gegend nur wenig anders. Jacke und Weste sind einfacher, seine Stiefeln höher und eng den Unterschenkel umschließend, sein Hut ohne breite Bänder. Er trägt, wie sein Landesgenosse, das schwarzseidene Halstuch in lange Schleifen geschürzt und bei rauhem Wetter den blautuchenen Mantel mit Aermeln und Kragen.

Die Frauen im Dorfe Auherzen tragen schwarzwollene, in enge Falten gelegte Röcke, am Saum hochroth eingefaßt und an der hinteren Hälfte mit buntseidenem Bande besetzt. Ein dickes Polster von Heu, Roßhaar oder dergl. wölbt den Rock um die Hüften in mächtiger Rundung und er ist dadurch zum Theil so kurz, daß er eben nur die Mitte der Wade erreicht; bei alten Frauen ist er länger. Der Bund des Rocks sitzt wenig tiefer als der Ausschnitt der langen weiten Hemdärmel, welche mit gestickter, zum Theil farbiger Krause am Handgelenk geschlossen sind; das weitausgeschnittene, farbig wollene oder Goldstoffmieder ist am Rock befestigt. Ueber Hemd und Mieder, welches die Brust bedeckt, ist ein wollenes buntblumiges Brusttuch nach vorn kreuzweis, im Rücken mit herabhängendem Zipfel gebunden, und endlich gehört eine Jacke, „Küraß", von weißem Piqué, mit Aermeln, welche am Oberarm weitbauschig sind und nach dem Handgelenk eng zulaufen, zu der vollständigen Tracht. — Die Schürze ist kürzer wie der Rock und von ähnlichem Stoff wie das Brusttuch, in großen buntblumigen Mustern auf rothem Grunde oder streifig. Buntseidene goldgewirkte Schürzenbänder flattern zur Zierde vorn herab, eigentlich aber ist die Schürze mit schmalem bunten Bande am Rücken gebunden. — Die Strümpfe sind von purpurrother Wolle. Schwarze Lederschuhe, mit silberner Einfassung der Lasche und mit grünseidenen Schleifen, bedecken die Füße. Das Haar ist glatt zurückgestrichen und hängt in Zöpfen, mit weißen Bändern gebunden, am Rücken herab. Den vorderen Theil des Haares deckt eine dunkelblaue Binde, „Stirntüchel", die im Nacken befestigt ist und von wo aus zwei weiße, farbig verzierte Bänder, mit Kantenbesatz am Rücken, weit unter den Zöpfen herabhängen. Durch den Ansatz der Zöpfe am Wirbel ist endlich eine Messingspange, „Nadel", gesteckt, welche nach einer Seite breiter und arabeskenartig ausläuft, während die andere Seite nur schmal endet. Diese Spange umschreibt mehr als einen Halbkreis und umgiebt die Seiten des Oberkopfes. Sie übt als Keuschheitszeichen die sittliche Justiz bei den Mädchen des Dorfes aus. — Außerdem bedient sich die weibliche Bevölkerung großer Kopftücher von weißem feinen Leinen mit Kanten besetzt und weiß oder schwarz gestickt. Sie verhüllen den ganzen Obertheil des Körpers und lassen nur die Arme frei.

Die Wintertracht unterscheidet sich von der eben angegebenen Sonntagstracht im Sommer durch zwei besondere Bekleidungsstücke, die Haube und die Pelzjacke. Letztere, von weißem Tuch mit grünabgenähter Verzierung am Ausschnitt und rothem ausgeschlagenen Aermelbesatz, ist mit braunem Pelz gefüttert und eben so kurz wie der oben genannte Küraß im Sommer. An der Brust ist sie mit buntseidenen Bändern verschiedener Färbung geschlossen. Die alten Mütterchen dieser Gegend sieht man in Pelzjacken, welche mit hellem Leder überzogen, an den Nähten mühsam gesteppt und am Rücken buntblumig gestickt sind. Diese Jacken sind vorn mit Knebelknöpfen geschlossen. — Die Haube besteht zunächst in dem kopfbedeckenden Theile aus einem unten offenen Sack und zwei daran befestigten Flügeln, welche das Gesicht im Profil weit überragen. Ueber der Stirn treffen diese Flügel zusammen und können zu größerer Bequemlichkeit zurückgeschlagen werden. Sie sind von reichgesticktem Kantengrund und mit Draht gesteift. An den Seitentheilen sind die Flügel, sowie über dem Scheitel die Sackmütze, welche von weißem Piqué ist, mit rother und gelber Stickerei verziert und durch das Stirntüchel zusammengehalten.

Als Brauttracht dient mit Ausnahme des Kopfputzes der übliche Sonntagsstaat. Auch der sonst bunte Seidenbesatz am Rock ist bei dieser Gelegenheit schwarz; nach der Verheirathung ist er wieder bunt, wird die Frau aber später Großmutter, dann fällt der Besatz ganz weg. Die Schürze von weißem durchsichtigen Stoff, mit Kanten besetzt, ist auch außerdem gebräuchlich. Der Kopf der Braut ist mit einem rothen Bande ganz umwickelt, so daß vom Haar, welches mit den Zöpfen kranzartig umgelegt wird, nichts sichtbar ist. Auf der Höhe des Kopfes ist dann die Brautkrone von bunten und Metallperlen befestigt. Die Kranzeljungfern, welche sowohl bei der Hochzeit als bei der Beerdigung junger Mädchen ihr Amt als Begleiterinnen ausüben, sind auch hauptsächlich in üblicher Sonntagstracht; die Zöpfe, welche sonst hinten herabhängen, sind aber um den Kopf gelegt und statt der Nadel schmückt ein kleiner bunter Blumenkranz die Höhe des Wirbels, auch ist auf das zusammengerollte buntblumige Taschentuch ein Sträußchen gesteckt.

Bei dem gewöhnlichen sonntäglichen Kirchgange fand ich in der Pilsener Gegend den Gebrauch, daß die Frauen außer einem weißleinenen Taschentuch, welches sie in der Hand trugen, noch ein zweites um das Gebetbuch wickelten. Die übrigen Trachten um Pilsen sind im Hauptsächlichen ähnlich wie die genannten, doch treten mannigfache Farbenunterschiede und auch kleine Abweichungen in der Form ein. Die Kopftücher sind vorherrschend roth, mit bunter Blumenborte. Die Röcke, in hellen lebhaften Farben, mit buntem Besatz; hier kommen eben die czechischen Elemente dazu, während Auherzen deutsche Bewohner hat. Die Strümpfe sind auch hier meistens roth, doch fand ich bei den Czechinnen weiße und blaue, und dazu hohe Schnürstiefeln, zuweilen mit einer Rosette auf dem Spann. Niedrige ausgeschnittene Schuhe von Sammet, mit Lederbesatz und Seidenbandrosette, sind außerdem gebräuchlich. Die Schürzenschleifen hängen hinten vom Gürtel herab, sie sind von weißem Batist, mit Weiß- oder Buntstickerei und Kanten besetzt, auch von blumigem Seidenband. Die Schürze ist häufig von halbseidenem Damast. Frauen tragen eine weiße Haube von Piqué, mit Schleifen ungewöhnlicher Dimension, die vom Nacken der Haube seitwärts, nach jeder Seite zwei übereinander und die untere mit Kanten besetzt, abstehen. Die czechischen Mädchen scheiteln ihr Haar und befestigen es im Nacken durch ein schwarzes Sammetband, welches nach vorn in vier Strahlen ausläuft und den Scheitel überdeckt; das übrige Haar hängt hinten als dicker Zopf herab. Ein buntseidenes Knüpftuch um den Hals und ein größeres Tuch desselben Stoffes deckt außerdem die Brust und hängt an der Seite des Rockes herab.

65

Böhmen

Kreis Pilsen.

66

Böhmen

Kreis Pilsen.

67

Böhmen

Kreis Pilsen.

Böhmen.

Kreis Eger.

(Tafel 68.)

Die deutschredenden Bewohner von Böhmen sondern sich in der Tracht ebenso wie in der Sprache von ihren czechischen Mitbewohnern ab, und in dem Kreise Eger treten die äußeren Merkzeichen der beiden Volksstämme wohl am Entschiedensten hervor. Namentlich ist in der Tracht der Männer noch eine große Aechtheit zu finden, bei den Frauen schon weniger, aber die langzipfligen Kopfumwickelungen derselben geben auch ihnen im Gegensatz zu ihrer czechischen Nachbarschaft ein entschieden mitteldeutsches Gepräge.

An der Männertracht fällt zunächst die weite und hoch heraufreichende Pumphose auf von schwarz gefärbtem Ziegenleder, welche am Knie mit Lederriemen gebunden wird. Den Oberleib bekleidet eine Weste von dunklem Sammet, welche durch eine Reihe bronzirter Knöpfe vorn geschlossen wird; sie wird zum größten Theil bedeckt durch den breiten Hosenträger von schwarzem gepreßten Leder, welcher an fast colossalen verzierten Bronzeknöpfen die Hose festhält. Die kurze Jacke ist von olivenbraunem Tuch mit schwarzseidener Einfassung und besponnenen Knöpfen besetzt und an den Seiten noch mit Taschen versehen. Das schwarzseidene Halstuch wird dicht um den Hals geschlungen und im Nacken geknüpft. Die Kopfbedeckung besteht aus einem schwarzen Filzhut mit abgerundetem Kopf, welcher mit schwarzer Seide in gesteppten Falten überzogen ist, und von dessen Höhe sieben breite schwarzseidene Schleifen herabhängen. Von den weißen Strümpfen ist nur ein geringer Theil unter dem Knie sichtbar, da der übrige Theil von den engen Schäften der Stiefel verdeckt wird.

Das wollene Kopftuch der Frauen mißt ungefähr zwei Ellen in Quadrat, in der Grundfarbe ist es gewöhnlich schwarz, an den Rändern aber mit buntgewebten Blumenborten oder Streifen verziert, und außerdem an der äußersten Kante mit Frangen besetzt. Es wird, nachdem es in drei Zipfel zusammengelegt ist, über den Kopf genommen, so daß der eine Zipfel am Rücken herabhängt, während die anderen beiden von den Schläfen ab unter dem ersten Zipfel hindurchgehend sich auf der Höhe des Kopfes wieder begegnen und in Schleifen seitwärts herabfallen. Die Jacke von schwarzem oder farbigen Merinos mit Umschlagkragen und Schooß ist mit Posamentirbesätzen der verschiedensten Art verziert, die bauschigen Aermel sind am Handgelenk umgeschlagen und lassen das buntwollene Futter zum Vorschein kommen. Diese Aermelaufschläge sowohl wie auch die Ränder der Jacke sind häufig in Zacken ausgeschnitten. Das Brusttuch ist von gleichem Stoff und ähnlichem Muster wie das Kopftuch, bei jüngeren Mädchen oft in lebhaft bunten Farben. Der eigentliche faltenreiche Bauernrock ist nicht mehr gebräuchlich, sondern statt dessen schon der moderne breitfaltige Rock, welcher bis zum Knöchel reicht; er ist gewöhnlich von Wolle und in verschiedenen Farben. Man nimmt es hier eben nicht so streng damit, das weniger anspruchsvolle Alter wählt vielfach schwarze oder dunkelgefärbte Stoffe dazu, die jungen Mädchen dagegen auffallend bunte Muster. Bei der Schürze ist die Farbenwahl ebenso unbeschränkt, doch ist die blaue Farbe die am meisten in Anwendung gebrachte. Die Strümpfe sind von weißer oder blauer Wolle, die Stiefel von schwarzem Leder.

68

Böhmen

Kreis Eger.

Böhmen.

Hayd.

(Tafel 69.)

Bei Hayd, wie auch noch südlicher im Böhmerwalde ist in der Bekleidung des Bauern nichts besonders Eigenthümliches, alle einzelnen Theile derselben sind Gemeingut der deutschen Bauerntracht, weder eigenes Hinzuthun noch Stammeseigenthümlichkeiten haben etwas daran geändert.

Am Sonntag trägt der Bauer den langen blauen Tuchrock mit aufrechtstehendem Kragen, an den Werktagen ist die dunkelblaue Tuch- oder schwarze Manchesterjacke gebräuchlich; sie ist mit farbig verzierten Metallknöpfen besetzt, ohne Schooß, aber mit Taschen versehen, aus deren einer das bunte Taschentuch herausschaut. Die Ränder der Jacke sind mit schwarzem Bande eingefaßt, welches am oberen Theil des Rückens unter dem Kragen eine Verzierung bildet. Die Weste ist von carmoisinrothem Damast mit zwei Reihen bronzirter Knöpfe besetzt, und das Halstuch von buntem, meist rothem Kattun um den umgeklappten, mit Zwirnkante besetzten Hemdkragen geschlungen, endet vorn in breiter Schleife. Die Kniehosen von Leder, welche an den Nähten in Verzierungen abgesteppt sind, wechseln in gelber und schwarzer Farbe; in der rechten Tasche hat stets das silberbeschlagene Besteck seinen Platz. Die Bekleidung der unteren Extremitäten besteht entweder in blauen Strümpfen mit Bindeschuhen oder in halbhohen und langen Stiefeln mit herabhängenden Lederbändern. Der Hut ist von schwarzem Filz, meistentheils mit niedrigem Kopf (selten mit hohem, oben zugespitzten), welcher mit schwarzseidener Schnur umwickelt ist, und an deren Enden im Nacken schwarzseidene Puscheln herabhängen; außerdem ist er aber mit schwarzen oder Pfauenfedern geziert.

Bei Kladrau ist die männliche Bekleidung mehr der um Pilsen üblichen entsprechend; hier wie dort ist die Jacke von blauem Tuch mit gelben Metallknöpfen besetzt, mit grünausgenähten Knopflöchern, rothen Tuchaufschlägen und Nähten, und ebenso auch die Weste. An die gelben Lederhosen schließen sich die weißen Strümpfe, und an diese Schuhe mit herabhängenden buntverzierten Laschen an. Halstuch und Hut sind schwarz, letzterer mit goldenen Trobbeln und Blumen geschmückt.

Die Frauen bedienen sich auch hier als Kopfbedeckung eines großen wollenen quadratischen Tuches von meist rother Farbe mit bunten Streifen an zwei gegenüberstehenden Seiten. Die Art, dasselbe auf dem Kopf zu einer festen Verhüllung zu ordnen, ist fast dieselbe wie um Eger, aber die beiden Zipfel, welche den festen Halt geben, werden nicht auf der Höhe des Kopfes, sondern schon über der Stirn in einander geschlungen und hängen nicht seitwärts herab. Das Halstuch ist von ähnlicher Gattung wie das zur Umwickelung des Kopfes gebräuchliche, wenn auch von anderer Farbe, und wird unter das carmoisin wollene, mit bunten und metallenen Tressen verzierte steife Mieder gebunden, welches durch farbige Achselbänder gehalten wird. Die gestickten Hemdärmel sind bis unter die Hälfte des Oberarms in einen Bausch zusammengerafft und am Ende mit Kanten besetzt. Der Spenzer von Tuch oder anderem Wollenstoff ist häufig schwarz mit seidenen Borten und Knöpfchen von Perlmutter besetzt. Die Aermel des Spenzers bilden oberhalb der Achsel hochaufstehende Falten und der untere Abschluß des Rückentheils ein Schößchen. Der nationale Geschmack wählt zur Farbe des Rocks immer hochroth, wenigstens als Grundfarbe, welche häufig mit farbigen Streifchen durchwebt ist, doch kommen schon vielfach Kattunröcke in Gebrauch; auch in der Form ist er nicht mehr echt bäuerisch, zuweilen aber doch noch sehr kurz. Die Schürzen von leinenen oder baumwollenen Stoffen sind weiß, streifig oder in quadrirten Mustern, das Schürzenband bunt. Zu weißen oder rothen Strümpfen sind ausgeschnittene Lederschuhe oder Stiefel üblich. Der Schmuck besteht in weißen Perlen- oder Granatenschnuren, welche acht- bis zehnfach um den Hals gewickelt werden.

69

Böhmen

Hayd.

Oesterreich.

Oberösterreich, Salzkammergut.

(Tafel 70—71.)

Die Tracht der Oberösterreicher hält so ziemlich die Mitte zwischen der Hochgebirgstracht und der des Flachlandes. In den gebirgigen Theilen des Landes neigt sie sich der ersteren natürlich mehr zu, im Salzkammergut erinnern die Bauern mit grünem Hut und grünbesetzter grauer Joppe schon lebhaft an die benachbarten Obersteiermärker. Eine Vermischung beider Volkstrachten, in Folge von Ueberwanderungen von der einen oder der andern Seite, wird deutlich bemerkbar.

Das nationalere Bekleidungsstück des Oberkörpers ist im Salzburgschen über einer rothen oder blauen Tuchweste eine dunkelbraune oder blaue Tuchjacke, welche häufig mit schwarzer Seidenschnur litzenartig besetzt und durch Knebelknöpfe geschlossen ist. Der Kragen ist shawlartig umgeschlagen und der Seidenschnurbesatz erstreckt sich auch auf diesen und den Rückentheil der Jacke, in deren Mitte er Verzierungen bildet; auch der aufrechtstehende Kragen und die gewöhnlich besponnenen oder metallenen Knöpfe sind dazu beliebt. So ist auch der landesübliche Hut von schwarzem Filz, am unteren Theil des spitzen Kopfes mit Seidenschnur und Goldpuscheln besetzt und mit den mannigfaltigen Alpenzeichen ausgeschmückt. Das Halstuch unter dem weißen umgeschlagenen Hemdkragen, der zu größerer Zierlichkeit noch mit Zwirnkante besetzt ist, pflegt man gewöhnlich von rother Farbe zu wählen, wie auch das Taschentuch, welches aus der Seitentasche der Jacke kokett heraushängt. Der Oberösterreicher putzt sich gern und sieht gar stattlich aus, wenn er die Blutnelke über das Ohr gesteckt hat, die silberne Uhrkette mit Berloque herabhängen läßt und das silberbeschlagene Besteck aus der Tasche der schwarzledernen, zierlich mit weißen Nähten besetzten Hose herausschaut. Um Salzburg trägt man hohe hellbraune Juchtenstiefel, im Salzkammergut schwarze Stiefel von gewöhnlichem Leder mit kürzeren Schäften, oder noch allgemeiner Schnürstiefel. Die Strümpfe sind von weißer Wolle, über welche die Bauern noch die weißen Wadenstrümpfe ziehen, welche von gesponnenem Kaninchenhaar oder Seidenhasenhaar gestrickt werden. Diese letztere Gattung von Strümpfen soll durch ihre lang andauernde Sauberkeit, welche von der natürlichen Glätte des Seidenhasenhaares herrührt, nur selten eine Wäsche der Strümpfe nothwendig machen, und ist auch zugleich als wärmende Beinbekleidung ein höchst praktisches Kleidungsstück. Nichts desto weniger thut es aber der Schönheit der Tracht durch die plumpe Unform, welche sie den Unterschenkeln giebt, nicht geringen Eintrag.

Einfach und kleidsam ist auch die Tracht der Frauen. Im Häuslichen besteht sie vorzugsweise aus Rock und Taille, letztere vorn durch Häkchen geschlossen; darüber wird ein Brusttuch, das „Pfeffertüchle", von meist hochrother Farbe vorn über Kreuz gebunden, so daß am Ausschnitt der Taille noch immer das mit Kante besetzte Hemd zum Vorschein kommt; die langen faltigen Hemdärmel sind am Handgelenk durch ein Bündchen geschlossen. Die Schürze ist nicht allzu weit und groß, und die Fußbekleidung besteht aus weißen Strümpfen, sowie auch aus den oben beschriebenen Wadenstrümpfen von Seidenhasenhaar und hohen Schuhen oder Stiefeln von schwarzem Leder.

Die Stoffe, welche zur Kleidung verwendet werden, sind meist von Wolle oder Kattun; als Farbe des Rockes ist ein mattes oder ins Bräunliche gehendes Rosa sehr beliebt, sowie für die Schürze ein helles Grün, ohne deshalb andere helle Farben auszuschließen. Die schwarze oder dunkelfarbige Jacke ist am Rücken mit klein gefälteltem Schooß versehen und am Ausschnitt entweder mit herabfallendem Kragen oder zackig besetzt.

In den Kopfbedeckungen der Frauen sind mannigfaltige Formen herrschend. Das ungefähr vier Fuß große quadratische Tuch von schwarzer Seide, zuweilen mit bunter Blumenborte am Rande, nimmt den ersten Rang ein. Es wird in ein Dreieck zusammengelegt, die Breitseite desselben über den Scheitel gezogen und nach kleiner Drehung der Seitenzipfel endlich im Nacken geknüpft, so daß alle drei Zipfel von da den Rücken herabhängen. Diese Art von Kopfbedeckung ist am verbreitetsten in Oberösterreich und geht noch über die bayrische Grenze hinaus.

In Salzburg trägt man über dem Kopftuche noch einen breitrandigen schwarzen Strohhut in Cylinderform, und um Linz einen ähnlichen von weißem Filz, bald mit spitz zulaufendem, bald mit ausgeschweiftem Hutkopf. Eine besonders anmuthige Kopftracht ist das Linzer Flügelhäubchen, dessen Vordertheil nach Art einer phrygischen Mütze den Kopf selbst deckt, während die sich daran schließenden beiden Flügel hoch emporstehen und wie zwei geschlossene Muschelschalen sich nach außen wölben; oberhalb der Flügel und zunächst des nach vorn gebogenen Käppchens befindet sich eine schwarze Schleife, deren Enden längs des oberen Zusammenschlusses der Flügel nach hinten hängen. Eine durch die Haube gesteckte Schmucknadel befestigt diesen hutähnlichen Aufsatz an den Zöpfen des hochaufgesteckten Haares. In seiner größten Eleganz als Festtracht ist dieser Kopfputz von echter Goldweberei, bei Familien- oder Kirchentrauer von schwarzem durchzogenem Tüll auf einem Gestell von Drahtband.

Eine schon selten gewordene Kopftracht ist das Salzburger Berghäubchen aus weißen Schmelzperlen, welche aufgezogen in zierlichen Verschlingungen ein Käppchen bilden, das nur den Hinterkopf bedeckt und mit einer silbernen Schmucknadel an die aufgesteckten Zöpfe befestigt ist. Bei diesem Käppchen nur allein kommt eine sorgfältige Anordnung des Haares zur Geltung, obwohl dieselbe auch hier nur in einfachem Scheitel besteht; bei den anderen Kopfbedeckungen ist aber nur der Theil des Haares, welcher Schläfe und Ohr berührt, der sichtbare, und es wird deshalb um so größere Sorgfalt darauf verwendet; beim Linzer Flügelhäubchen bildet der Scheitelrand fast genau einen Halbkreis.

70

Oesterreich

Ober-Oesterreich.

71

Oesterreich

Salzkammergut

Oesterreich.

Steiermark.

(Tafel 72—73.)

Die Tracht der Obersteiermärker ist am ausgebildetsten in der Gegend um Aussee, tiefer im Lande entbehrt sie schon wieder der Eigenthümlichkeiten, wenn auch in ihr der Bergbewohner sich nicht verkennen läßt. Hinsichtlich der Stoffe und Farben finden wir auch hier nur dasselbe wieder, was in Tyrol schon der Hochgebirgstracht eigen ist, aber Schnitt und Besatz der Kleider sind doch anders als dort, eine Vergleichung der Bilder wird dies bestätigen.

Der grüne Filzhut mit hellgrünem Bande ist klein und zierlich, der Obersteiermärker setzt ihn etwas schief; die schmale Krempe ist mit Alpenzeichen und den siegreichen, buntbebänderten Kokarden des Scheibenschießens geschmückt.

Die Joppe von grauer, auch brauner Wolle ist mit grünem Kragen und Aufschlägen versehen, am Rücken bildet sich eine breite, tiefliegende Falte, über deren Ausgangspunkt zwischen den Schultern zuweilen eine Schnur mit grüner Quaste hängt. Grün ist nun einmal die immer wiederkehrende Farbe in der obersteiermärkischen Tracht; Tuchweste, ein Theil der zierlichen Steparbeit, die mit weißen Nähten auf den schwarzen Lederkniehosen abwechselt, sowie auch die wollenen Strümpfe sind in grüner Färbung. Bei Strümpfen kommt allerdings noch außer der grünen die blaue oder die weiße Farbe vor. Eine Art hoher Schuhe oder wohl besser Halbstiefeln von schwarzem Leder, welche vorn durch Bänder geschnürt werden, dienen zur Fußbekleidung. Unter dem weißen umgeschlagenen Hemdkragen hängt das hochrothe oder schwarzseidene Halstuch herab und die Hüften umschließt ein nur mäßig breiter schwarzer Ledergürtel mit metallenem Schloß zum Zusammenhaken.

Bei der obersteiermärkischen Frauentracht läßt sich ganz auf das hinweisen, was bei der oberösterreichischen gesagt ist, nur ist sie in dem kopfbedeckenden Theile bei weitem nicht so mannigfaltig wie diese und beschränkt sich nur auf das schwarze Kopftuch. In der übrigen Bekleidung ist aber wie bei jener die langärmelige Jacke, Halstuch, Rock mit daran befestigtem Leibchen, Schürze, weiße Strümpfe, zuweilen nur Wadenstrümpfe und hohe Bindeschuhe, das allgemein herrschende. Auch in der Farbenzusammenstellung ist nichts Eigenthümliches hier zu finden, was nicht dort sich schon geltend gemacht hätte.

72

Oesterreich

Steiermark.

73

Oesterreich

Steiermark.

Oesterreich.

Pinzgau.

(Tafel 74.)

Die Männer im Pinzgau bekleiden den Oberkörper wie die Tyroler mit der lodenen (grobstoffiges, rauhes Gewebe von Schafwolle) Joppe von dunkelbrauner oder grauer Farbe, unter welcher entweder noch eine dunkle Tuchweste oder nur das Hemde getragen wird. Von gleichem Stoff, wenn nicht von schwarzem Leder, ist auch die Hose, welche das Knie frei läßt und oberhalb durch buntgewirkte Hosenträger gehalten wird. Der Hals ist fast immer unbedeckt, denn das ganz lässig geschlungene Halstuch von schwarzer Seide, welches auf der Höhe der Brust geknüpft ist, hängt mehr über diese herab, als es zur Verhüllung des Halses dient. Als Kopfbedeckung ist ein schwarzer Filzhut von spitzer oder niedriger Form gebräuchlich, bei der Feldarbeit aber ein glockenförmiger Strohhut, welcher häufig auf der Höhe des Kopfes mit Federn geschmückt ist. Die kurzen Wadenstrümpfe von weißer oder farbiger Wolle und hohe Bergschuhe vollenden den Anzug.

Der Jäger zeichnet sich auch hier, wie überhaupt im Salzburgischen, durch helle Joppe, grünen Filzhut mit Federn und grünwollene Wadenstrümpfe aus, zuweilen kommt auch der lederne gestickte Gürtel wie bei den Tyrolern vor.

Die Frauentracht ist ähnlich der des Unterinnthals; zwar ist die Jacke mit dem viereckigen Ausschnitt und den bauschigen Aermeln nicht wie dort an der linken Seite geschlossen, sonderns längs der Mitte der Brust zugehakt, und noch durch zwei Nadeln mit großen silbernen Knöpfen zusammengesteckt, in Stoff und Besatz und überhaupt im Aussehen aber jener gleich. Unter der Jacke deckt das Mieder von dunklem Wollenstoff, in welches ein buntblumiges Brusttuch gesteckt wird, den Oberkörper; die aus dem Mieder vortretenden weißen Hemdärmel reichen bis zum Ellenbogen. Den Hals umschließt ein Schmuck von silbernen

Ketten, welcher durch ein breites, mit Gold und Steinen verziertes Schloß vorn gehalten wird. Rock und Schürze in gewöhnlicher Faltenlage, ersterer bis zum Fuß reichend, sind von ähnlichem Stoff wie die Jacke, von Wolle oder Kattun und in passender Farbenzusammenstellung; die große lederne Geldtasche mit bunter Stepparbeit und metallenem Schloß trägt die Hausfrau über der Schürze. Das in Zöpfe geflochtene Haar pflegt man kranzähnlich um den Kopf zu legen und sowohl durch schwarze seidene Bänder, welche im Nacken herabhängen, als auch durch einen metallenen Pfeil zu befestigen. Der Hut von schwarzem Seidenfilz ist cylinderförmig gestaltet, mit niedrigem Kopf und wagerechtstehender breiter Krempe; der untere Theil derselben ist mit buntblumigem Damast gefüttert, während sich am oberen Theil um den Kopf eine schwarzseidene Schnur mehrmals schlingt, deren goldene Quasten am Nacken von der Krempe herabhängen.

Für beide Geschlechter ist es auch im Pinzgau Gebrauch, im Sommer über dem rechten Ohr eine rothe Nelke zu tragen.

Oesterreich.

Tyrol.

(Tafel 74.)

Die Lage des Landes übt immer einen großen Einfluß auf die Volkstracht aus, am entschiedensten tritt dieser aber in den Hochlandgegenden vor das Auge, und darum ist in der tyroler und oberbayrischen Tracht so viel Gemeinsames; die rauhe Luft der schwer ersteiglichen Berge macht an Alle gleiche Ansprüche; hier wie dort schützt man den Körper mit der dicken Joppe von Loden, einem grobstoffigen rauhen Gewebe von Schafwolle, indem man zugleich dem unbedeckten Knie die freie Bewegung gestattet. Die schweren Bergschuhe sind von dickem Leder und mit unzähligen Nägeln verschiedener Gattung beschlagen, die entweder als „Stoßnägel" an den Spitzen und Absätzen umgeschlagen eine eiserne Schutzwehr gegen alle Gefahren spitzer Steine und Gerölle bilden, oder mit breiten Köpfen die Sohle selbst decken. Der buntgewirkte oder lederne Hosenträger ist zugleich dem Tyroler eine besondere Zier, wie auch der breite Ledergürtel; beide sind durch Stickereien reich verziert, der letztere oft sehr kunstvoll mit den Kielen der Pfauenfedern; sie enthalten häufig den Namen oder die Anfangsbuchstaben des Besitzers, auch ist der Doppeladler bei den Tyrolern ein sehr beliebtes Muster für die Ausschmückung dieser Kleidungsstücke. Zur Kopfbedeckung dient immer ein Filzhut, und ihn schmücken die alpenländischen Zeichen, Birkhahnfeder, Gemsbart und Alpenblumen; in der Form, mit breiter oder schmaler Krempe, hohem, spitz zulaufenden oder niedrigem Kopf, wechselt er je nach den Thälern in den mannigfaltigsten Zusammenstellungen. Außerdem ist beim Tyroler als Wetterschutz der Regenmantel oder „Kotzen" in Gebrauch; in Form und Stoff ist er von größter Aehnlichkeit mit der südamerikanischen Serape. Er besteht aus einem viereckigen Stück dickwollenen Stoffes, welches in der Mitte nur eine Oeffnung zum Durchstecken des Kopfes hat, so daß der Mantel, vom Halse herabfallend, nach allen Seiten die Gestalt bis unter das Knie einhüllt.

In der Frauentracht sind ebenfalls allgemeine Formen herrschend, und auch bei dieser müssen wir wieder in's Nachbarland Bayern zurückgehen. Schon in der Nähe Münchens, um Holzkirchen, ist die Pelzkappe von Otterfell mit einem Deckel von Goldstoff heimisch, und ihr begegnen wir nicht nur durch ganz Oberbayern, sondern auch bis tief in's Tyrolische hinein. Ihre Form ist dann wohl einmal breiter, kegelförmiger oder flacher, immer ist es doch aber dieselbe Art Kopfbedeckung. Die Tyrolerinnen haben außer dieser eine zweite, nicht weniger beliebte Kopftracht, welche, von gedrehter blauschwarzer Schafwolle in Schleifen gestrickt, eine pilzähnliche spitze Kappe bildet. Durch Drahtkämme sind diese Schleifen nach der Höhe zu glatt gestrichen; es erhält dadurch die Oberfläche der mehr als zolldicken Schleifenstrickerei etwas dem Filze Aehnliches. Bald nach außen geschwungen, oder geradlinig und mit weißen eingestickten Punkten oder Strichen besäet, ist diese Kappe oft von beträchtlicher Größe, wie z. B. im Oberinnthal, dann auch wieder klein und zierlich wie in Vorarlberg. Endlich sind breitränderige Filz- oder Strohhüte, ähnlich denen der Männer und auch so verschiedenartig wie diese geformt, in Gebrauch. Der Rock von wollenem Stoff, auch von Leinen, ist nicht so kurz wie er in Mitteldeutschland so häufig vorkommt, er erreicht gewöhnlich den Knöchel und nur in wenigen Fällen ist er kürzer. Die Aermel des Hemdes, welche nur bei häuslicher Beschäftigung sichtbar sind, haben großentheils eine Krause von Zwirnkante, welche den Ellenbogen erreicht.

In diesen Bekleidungsstücken, welche übereinstimmend in Tyrol getragen werden, charakterisirt sich die Landesart; was die Gegenden unter einander unterscheidet, ist nur durch den örtlichen Geschmack entstanden, und dies werden wir jetzt im Einzelnen kennen lernen.

Es liegt nicht in unserer Absicht, die Trachten jedes der vielen Thäler Tyrols dem Leser und Beschauer vorzuführen, dies würde bei so großer Gleichartigkeit derselben nutzlos gewesen sein; auch sind gegenwärtig nicht in allen Thälern die Trachten mehr vollständig, und viele schon sehr modernisirt. Wir wollen nur die charakteristischen Züge der Tracht dieses interessanten Landes darstellen, und da wir unsere d e u t s c h e n Landsleute hierbei im Auge haben, so mußten wir selbstredend auf die Welschtyroler verzichten; wie ihre Sprache Italien zugewandt ist, so auch ihre Tracht, wenn nicht überhaupt diese schon als modern zu bezeichnen ist.

74

Oesterreich

Pinzgau.

Tyrol.

Am Achensee.

(Tafel 75.)

Bei den Unterinnthalern finden wir nahezu dieselbe Bekleidung wie im Zillerthal und nur Weniges was als eigenthümlich zu bezeichnen wäre; bei den Männern namentlich geht die Abweichung schon ins Moderne hinein; die dem Verkehr offene Straße des Unterinnthals läßt dies erklärlich finden, während das abgeschlossene, sich verengernde Zillerthal unberührter und darum eigenthümlicher in der Tracht bleibt; hier macht auch der Schnittwaarenladen mit seinen unberechenbaren Verschiedenheiten in Stoffen und Mustern nicht so sehr seinen Einfluß geltend, wie dort.

An der Grenzstation von Nord-Tyrol nach Bayern, am Achensee, fällt dies besonders auf. Bei einem Kirchgange, welchem man beiwohnt, tritt ein buntes Allerlei von allen nur möglichen Formen und Farbenzusammenstellungen vor das Auge; die langen dunkelblauen Bauernröcke mit umfallendem Kragen, die Pantalons von dunklem Tuch, sowie die runden niedrigen Filzhüte sind da vielfach vertreten, aber es ist dabei fast beständig etwas von der altoriginellen Tracht hinzugefügt und eines Jeden Anzug für die Gegend noch immer charakteristisch. Es scheint fast, als ob man bei großer Gleichgültigkeit gegen das Volksthümliche in Bezug auf die Kleidung sich doch scheute, alles Althergebrachte abzulegen.

Der spitzköpfige Hut von schwarzem Filz mit mäßig breiter Krempe, von welcher die goldenen Troddeln am Nacken herabhängen, ist mit den üblichen alpenländischen Zeichen: Birkhahnfeder, Gemsbart und Alpenstrauß, geziert. Der breite Ledergürtel tritt nur noch zuweilen auf, denn er will sich auch nicht so recht mit der immer moderner werdenden Bauernweste vertragen, welche, von buntem Damast gemacht, stattlich genug aussieht und mit zwei Reihen silberner Knöpfe geziert ist, an welchen die schwere silberne Uhrkette in vielen Schlingungen hängt. Die Jacke ist von dunkelblauem oder braunem Tuch, mit umfallendem

Kragen und mit Knöpfen versehen oder in gleichem Schnitt von schwarzem Sammet, mit seidenen Schnüren und Knebelknöpfen besetzt.

Das Uebrige an der Bekleidung, die schwarzen kurzen Hosen von Gemsleder mit Lederbändern am Knie, die weißen oder blauen Strümpfe, die halbhohen Stiefel oder bis zum Knöchel reichenden Schuhe, dann der umfallende Kragen des Hemdes mit einem hochrothen Halstuch von Seide, sind uns schon als allgemeine Bauerntracht bekannt.

Der Frauenhut dieser Gegend ist von schwarzem Filz oder Stroh, in der Form mit niedrigem Kopf und breiter Krempe, welche unterhalb mit buntseidenem Damast gefüttert und durch eine kreisförmig darauf gesetzte Goldtresse geziert ist. Vom oberen Rand des Hutkopfes und zwar zur rechten Seite hängen zwei dicke silberne Quasten an schwarzen seidenen Schnüren, welche an dieser Stelle zu Schleifen geschürzt sind, auf die Krempe herab, und endlich wird auch hier der Frauenhut mit schwarzseidenen Bändern am Nacken befestigt. Das breite Halsband von silbernen Ketten mit goldenem reichverzierten Schloß ist hier noch sehr in Gebrauch. Bei der übrigen Bekleidung ist kein Unterschied gegen diejenige der Frauen des Zillerthals bemerkbar.

75

Tyrol

Achenkirch.

Tyrol.

Das Zillerthal.

(Tafel 76—77.)

Der allzeit jodelnde, elegante und stutzerhafte Zillerthaler in seinem schmucken Putz hat bei seiner bekannten Wanderlust von allen seinen Landsleuten wohl am meisten die Welt gesehen, und gilt daher gewöhnlich als der Typus des echten Tyrolers. Wenn sich irgend Jemand, der unkundig des Trachtengebrauchs ist, einen Tyroler vorstellt, so denkt er gewöhnlich an den Zillerthaler, denn ohne den spitzen Hut und spitzen Bart, den schreiend rothen Brustfleck mit breitem Gürtel, meint man, kann er doch kein wirklicher Tyroler sein. Nur mit den buntem Hosenträger prahlt er nicht so viel, welcher ebenfalls als unerschütterliches Kennzeichen des Tyrolers feststeht; daß der Zillerthaler das Knie nicht mehr wie sonst unbedeckt läßt, hat er wohl auf seinen Reisen verlernt. Uebrigens sind die Bewohner dieses Thales ein sehr schöner Menschenschlag, welche diese kokette Tracht recht wohl kleidet.

Der schwarze breitrandige Filzhut mit spitzem Kopf ist an der innern Seite der Krempe mit schwarzem Seidenstoff gefüttert, welcher in strahlenförmig auslaufende Falten gelegt ist; eine schwarzseidene Schnur umschlingt den Hutkopf und endigt in dicken goldenen Quasten, welche gerade über der Stirn herabhängen, während die alpenländische Birkhahnfeder hoch emporsteht.

Den Oberkörper bekleidet der „Brustfleck“, ein der Weste ähnliches Kleidungsstück, welches an der linken Seite durch Knöpfe geschlossen wird. Er ist immer von hochrothem Tuch mit hellgrüner Einfassung und goldenem oder silbernem Tressenbesatz am oberen Ausschnitt. Das schwarzseidene Halstuch, welches häufig den heraustretenden Hemdkragen umschließt, ist durch einen metallenen Ring zusammengehalten und die herabhängenden Enden des Tuches sind gewöhnlich nach der linken Seite zu am Brustfleck befestigt. Den schwarzen Ledergürtel befestigt man durch eine Metallschnalle an der rechten Seite; am vorderen Theile aber befindet sich ein ungefähr 16 cm breites Schild von Leder, welches wie der übrige Theil des Gürtels durch kunstreiche Stickerei von Federkielen, mit blumigen Ranken und mit dem Namenszug des Inhabers verziert ist. Zur Beinbekleidung dienen die schwarzgefärbten bockledernen Hosen, welche das Knie erreichen und gewöhnlich weiß oder roth gesteppt sind, und die blendend weißen Strümpfe, denen sich die hohen, den Knöchel bedeckenden Bindeschuhe anschließen.

Der Rock oder die Joppe ist beim Zillerthaler immer in grauer Farbe und von dem früher schon erwähnten dicken Schafwollgewebe; hier ist die Joppe im Schnitt ohne Schooß und Taille, und nur an den Aermeln zunächst des Handgelenks mit schwarzem Sammet besetzt und gesteppt.

Der Haarputz der Zillerthalerin beschränkt sich auf den auch anderwärts sehr beliebten Haarkranz, und wie im Pinzgau so ist auch hier das Haar durch ein schwarzes Sammetband, welches über dem Scheitel angelegt und im Nacken geknüpft wird, befestigt; der Hut ist in Form, Stoff und Ausschmückung ganz ebenso wie der der Männer, nur daß außerdem ein schwarzseidenes breites Band, von den Seiten ausgehend, den Hut am Nacken festhält; die Enden der dort geknüpften Schleife fallen dann wohl zuweilen graziös auf die Schultern herab. Bei älteren Frauen findet man noch den nationalen engfaltigen schwarzen Rock, allgemeiner aber ist schon der weitfaltige und bis zu den Füßen reichende, welcher in Stoff und Farbe dem den Oberkörper bedeckenden „Koffäthel" häufig gleich ist; zuweilen ist das letztere auch von schwarzem Sammet. Diese miederähnliche Bekleidung ist an der Seite unterhalb des linken Armes durch Haken geschlossen; der Besatz an Brust und Aermeln ist gewöhnlich von schwarz gemustertem Sammetband und nach dem Geschmack der Besitzerin angeordnet, ebenso sind auch die Aermel, wo sie am oberen Theile verengert sind, zuweilen ganz glatt oder in schmale Falten gelegt.

Das Brusttuch von halbseidenem Stoff mit farbiger Blumenborte oder von hellgemustertem Kattun ist durch eine Broche vorn zusammengehalten, die Zipfel aber, sowohl über der Brust wie am Rücken, ins Koffäthel gesteckt. Die Schürze ist ebenso verschieden in Stoff und Muster wie das Brusttuch; die blaue Farbe ist darin am gebräuchlichsten. Die Fußbekleidung von weißen Strümpfen und hohen Knöchelstiefeln ist ähnlich derjenigen der Männer.

76

Tyrol

Zillerthal.

77

Tyrol

Zillerthal.

Tyrol.

Oberinnthal.

(Tafel 78—79.

Der Oberinnthaler ist auf seiner großen Heerstraße, die dem Verkehr so offen liegt und von so vielen Reisenden befahren wird, von seiner heimathlichen Tracht schon abgewichen; nicht wie die südtyrolischen Thalbewohner auf engen, einsamen Raum beschränkt, ist er in seiner Beschäftigung mehr auf den freien Verkehr, namentlich auf den Handel angewiesen, und er zeigt sich daher auch nicht in dem Sinne wie jene als ein Sohn der Berge. Seine Tracht ist, diesem alltäglichen Treiben entsprechend, wie wir sie allenfalls in jeder auch weniger großartigen Gebirgsgegend zu finden gewohnt sind, und nicht so derb und eigenthümlich, wie sie sonst wohl das Hochgebirge hervorbringt. Der Oberinnthaler hat mit allen umwohnenden Stammesgenossen immerhin etwas gemeinsam; er trägt wie diese die Joppe, aber nicht von lodenem Stoff, sondern von schwarzem Sammet mit modern umgeschlagenem Kragen, mit schwarzen besponnenen Knöpfen besetzt und mit Taschen versehen. Auch der kurzen gemsledernen Hosen bedient er sich, aber sie verhüllen sorglich das Knie; die hohen Bindeschuhe von Leder und die weißen Strümpfe sind wie gewöhnlich. Eine Beinbekleidung, welche sich zwar noch mehr den modernen Pantalons nähert, ist ihm außerdem vor allen Nordtyrolern eigen, dies ist die weite Hose von schwarzgefärbtem Gemsleder, welche unterhalb des Knies bis zu den Füßen mit glänzendem Wichsleder besetzt ist; diese Tracht scheint allerdings für die, wie oben bemerkt, offene und nicht zu allen Zeiten wegsame Heerstraße praktisch zu sein und hat darum als charakteristisches Kleidungsstück ihre Geltung. Der Hut, wäre er nicht mit der herausfordernden Birkhahnfeder geschmückt, würde in seiner nüchternen, allgemein üblichen Form von der des Flachlandes nicht zu unterscheiden sein, und wie dieser ist er auch häufig von langhaarigem Seidenfilz; außerdem kommen auch noch spitzköpfige Hüte von rauhem schwarzen Filz dort vor. Ein farbiges seidenes Tuch schlingt sich um den Kragen, und ein grünwollener Hosen-

78

Tyrol

Ober-Innthal.

79
Tyrol
Ober-Innthal.

Tyrol.

Sarnthal.

(Tafel 80.)

Der Sarner ist ein Freund der bunten, lebhaften Farben, in seiner leuchtend hochrothen lodenen Joppe mit dem Brustfleck von Tuch derselben Farbe, über welchem sich die hellgrünen Damasthosenträger kreuzen, sieht er viel munterer aus als seine Nachbarn in ihren ernster gestimmten Trachten.

Das schneeige Hemd, an dem oberen Theil der Brust sichtbar, ist mit Zwirnkante besetzt, welche zierlich den Hals umgiebt und als Busenstreif vorn herabläuft. Die älteren Männer tragen schwarze Hüte, der Hut des ledigen Burschen ist von hellgrünem Filz, mit niedrigem Kopf und in der Krempe von mächtiger Breite, von welcher die grünseidenen Bänder herabhängen. In der Form des Gürtels, wie in dessen Stoff und Ausschmückung konnten wir keinen Unterschied zwischen denen der Passeyrer finden, er ist wie bei diesen von schwarzem Leder und mit Federkielen reich gestickt. Die kurzen Beinkleider, welche das Knie völlig entblößt lassen, sind von größerer Weite als gewöhnlich, auch nicht von Leder, sondern von dichtem schafwollenen Gewebe. Die weißen Strümpfe sind durch hochrothe Bänder unter dem Knie gebunden und in Schleifen geknüpft, die Schuhe von schwarzem Leder, halbweit ausgeschnitten und durch farbige Bänder und Schleifen geschnürt.

So liebt der Sarner sich am Festtag sehen zu lassen; in der Woche, wenn er seinen Berufsgeschäften nachgeht, ist er einfacher und schlichter in den Farben. Der Hut ist kleiner und schwarz gefärbt, die Joppe dann von braunlodenem Stoff, wie auch die Hose. Statt des „Brustflecks" umschließt eine dunkelgrüne Tuchweste mit metallenen Knöpfen den Oberkörper, welche dann theilweise wieder durch den ledernen, in vielen Verzierungen ausgeschnittenen Hosenträger gedeckt wird. Der Gürtel ist unverändert derselbe, aber die Strümpfe sind dann schwarz und mit farbigen Bändern am Knie gebunden. Das Hemd endlich, welches über der

Weste sichtbar wird, läßt einen gewöhnlichen Kragen herabfallen, welcher von einem bunten Kattunhalstuch umschlungen ist.

Auch die Sarnerin ist am Sonntage stattlich ausgeputzt; ihr Hut, gleich dem der Männer von bedeutendem Umfang in der Krempe, bei nur niedrigem Kopf, ist stets von schwarzem Filz und mit schwarzen Seidenbändern oder rothen Schnüren geziert, welche am Nacken herabhängen. Das Miederleibel von Schafwollenstoff besteht aus Theilen von rother und schwarzer Farbe; an seinem vorderen Ausschnitt befinden sich an jeder Seite eine Reihe silberner Haken, durch welche die schwarzseidenen Schnüre zum Zusammenhalten des Mieders gezogen werden. Der Latz, welcher zugleich damit festgehalten wird, ist bei den Frauen von grüner Farbe mit schwarzem Mitteltheil. Zunächst an Mieder und Latz sich anschließend, bedeckt ein Koller von weißem Piqué den oberen Theil der Brust und des Halses und ist wie das Hemd des Mannes mit zierlicher Kante besetzt; durch farbige seidene Bänder ist das Koller unter den Armen befestigt und an Wochentagen noch durch ein dreizipflig gelegtes Tuch von dunkelblauem Kattun zum größten Theil gedeckt; der eine dieser Zipfel fällt mit seiner Spitze über den Rücken, während die anderen beiden Zipfel, unter dem Halse sich kreuzend, an die seidenen Bänder oder weißen Schnüre des Kollers befestigt sind. Der bauschige Hemdärmel, welcher nur bis zum Ellenbogen reicht, ist an diesem Abschluß mit einer Kantenkrause wie das Koller geziert; so stattlich er auch aussieht, ist dennoch zur vollständigen Festtracht eine den Oberkörper umschließende Jacke von blauem oder schwarzem Tuch, welche in Form und Besatz der im Passeyer üblichen Frauenjacke gleich ist, unerläßlich. Der faltenreiche Rock von schwarzer Schafwolle reicht etwa handbreit bis über den Knöchel; am unteren Saum ist er häufig mit einem grünen Bande eingefaßt. Die Schürze, am Wochentage meist von dunkelblauem Kattun, ist Sonntags auch von weißem Leinen oder farbiger Wolle und dann mit einem seidenen Schürzenbande, welches in Schleifen vorn herabfällt, gebunden. Die Strümpfe der Frauen sind gewöhnlich schwarz, wie auch die ledernen Schuhe, welche mit farbigen Bändern geschnürt sind. Die jungen Mädchen dagegen tragen am Festtage hochrothe Strümpfe, sowie auch der Latz ihres Miederleibels von rothem Tuch ist; das Mitteltheil von schwarzem Sammet ziert eine gestickte Rose. Die sich auf der Brust kreuzenden Schnüre des Miederleibels sind dazu von violetter Seide.

80

Tyrol

Sarnthal.

Tyrol.

Oetzthal. — Wippthal. — Pusterthal.

(Tafel 81.)

Wenn beim Scheibenschießen in einem Hauptorte dieser Gegend Bewohner aller benachbarten Thäler zusammenkommen, da fällt vor allen der Oetzthaler durch seine kleidsame und charakteristische Tracht auf; ähnlich dem Passeyrer trägt er als Hauptmerkmal auf der dunkelbraun lodenen Joppe, welche auch von gleichem Schnitt ist, als Ausschmückung der Aermel und des vorderen Aufschlags über der Brust eine länglich viereckige, nach oben in eine Spitze auslaufende Verzierung von zierlich bunter Stickerei. Diese Ausschmückung, oder falls sie wie bei dem Meraner in einem rothtuchnen Revers besteht, oder wie bei dem Passeyrer in rothem, grünumränderten Aufschlag, ist mehr als vieles andere das Kennzeichnende der verschiedenen Thalbewohner von Südtyrol; wohl hat auch die Joppe fast jedesmal ihren besonderen Schnitt, welcher in vielen Fällen originell ist, bald mit, bald ohne Schöße, kürzer oder länger, wird sie zuletzt wie beim Pusterthaler schon rockähnlich; auch sind die Hüte, ob nun spitz oder breit, ob grün oder schwarz und so auch alle übrige Bekleidung immer einer festen Anordnung unterworfen; doch sind alle diese Costümtheile für das ganze Gebirgsland zu charakteristisch, um kennzeichnend für die einzelnen Thäler zu sein; die Verzierung aber, welche an der Joppe angebracht ist, dient immer als heimathliches Abzeichen unter den Nachbarn. Doch besitzt außerdem der Oetzthaler in seiner Tracht noch Eins, was nur ihm eigenthümlich ist und erst bei genauer Besichtigung ins Auge fällt, das ist der Gürtel; in der Form ist er zwar wie der in anderen Thälern gestaltet, und ebenso auch von schwarzem Leder, aber nicht wie diese mit Federkielen in reichen Verzierungen gestickt, sondern mit blinkenden Zinnnägeln größerer und kleinerer Gattung, deren kleinste in den Köpfen etwa die Größe eines Stecknadelknopfes haben, so dicht in Streifen besetzt, daß nur zum geringsten Theil das schwarze Leder als Grundstoff sichtbar wird. Der Hut, im Kopf nur wenig zugespitzt, ist von schwarzem Filz, mit rothem Bande und goldener Schnur umwickelt, von welcher goldene Quasten herabhängen, während die Alpenzeichen hoch emporstehen. Der glatte weiße Kragen des Hemdes fällt über das blaue Tuch, welches den Hals umschließt, und die beiden Enden des Tuches sind unter die quer über die Brust gehende Spange des grünen Damasthosenträgers gesteckt. Die schwarzen gemsledernen Hosen mit weißer oder rother Naht sind nur lässig am Knie durch Knöpfe und rothseidene Bänder geschlossen, so daß durch die Bewegung das Knie sichtbar wird. Die blauen oder weißwollenen Strümpfe sind unter dem Knie umgeschlagen und schließen sich an die schweren ledernen Bindeschuhe an, falls sie nicht als Wadenstrümpfe schon oberhalb des Knöchels endigen.

Der Wippthaler trägt ähnlich dem Sarner den breitrandigen Hut von hellgrünem Filz, welcher an der inneren Seite der Krempe mit grünem, in Falten gelegten Seidenzeug gefüttert ist; grünseidene Bänder mit Goldfrangen umschließen den Hutkopf. Diese Kopfbedeckung hatte ohne Zweifel ehedem eine größere Verbreitung in den südtyrolischen Thälern als jetzt, wo die spitzköpfigen Hüte von schwarzem, seltener von grünem Filz gangbarer geworden sind.

Der „Brustfleck" von hochrothem Tuch mit goldener Einfassung am oberen, den Hals berührenden Rande, sowie das daselbst heraustretende Hemd, um dessen heruntergeschlagenen Kragen ein carmoisinrothes Halstuch geschlungen ist, erinnert an den Zillerthaler; darüber liegt endlich ein grünwollener Hosenträger, welcher sich in dem breiten Ledergurt verliert. Die Hosen von schwarzgefärbtem Leder bedecken die Knie vollständig, und die schweren hohen Knöchelstiefel schließen die weißen Strümpfe nach unten ab. Die Joppe trägt man hier etwas länger als im Oetzthale, sie ist von dunkelbraunem Wollenstoff, mit hellbraunem Bande längs des vorderen Randes und an den Aermeln besetzt, seitwärts auf der Höhe der Brust aber ist von grünem Bande die oben genannte aufschlagähnliche nationale Verzierung angebracht.

Bei den Pusterthalern ist die Einfassung an der Brust, sowie um den Hals und die Aermel der dunkelbraunen, bis unter das Knie reichenden Joppe von schwarzem Sammet. Unter der Joppe bekleidet eine dunkelfarbige Weste den Oberkörper, über welche das bunte Halstuch herabhängt. Die schwarzledernen Hosen sind unter dem Knie geschlossen, weiße Strümpfe und schwarzlederne Schuhe dienen zur unteren Bein- und Fußbekleidung. In der Form nähert sich der schwarze Filzhut dem des Oetzthalers, mit etwas weniger breiter Krempe und wohl auch spitzerem Kopf. Es ist doch im Ganzen zu wenig Charakteristisches in dieser Bekleidung, der große Strauß von Gemsbart, Schützenkokarde und alle dem, was als alpenländisch gilt, entschädigt nicht mehr für die schon so unnational gewordene übrige Tracht des Pusterthalers.

Das Urbild für die Frauentracht im Oetzthal und Wippthal haben wir schon im Passeyer gefunden, da ist fast Alles ebenso und doch nur wenig anders, die Jacke wie der Rock und die Schürze, endlich auch die Kappe machen nur kleine Unterschiede. Die schwarze, von Baumwolle gestrickte Mütze der Oetzthalerin ist kegelförmiger, bei den Wippthalerinnen ist sie geschwungener und in eine Spitze auslaufend; das Halstuch mit seinen über Kreuz geschlungenen

Zipfeln, welche durch eine metallene Spange am Halse festgehalten werden, kommt in ähnlicher Weise zur Geltung, wie im Oberinnthal. Die Röcke von dickem schwarzwollenen Stoff sind etwas kürzer wie jene, so daß bei den Wippthalerinnen die rothwollenen Strümpfe, bei den Oetzthalerinnen die unförmlich dicken Wadenstrümpfe von weißer Wolle zur Anschauung kommen. Unter der Jacke bedienen sie sich auch eines Miederleibels mit eingestecktem Latz, und die sichtbaren Theile des Hemdes an Hals und Aermeln sind ebenso wie im Passeyer; endlich aber tragen sie noch bei der Arbeit einen niedrigen Hut mit mäßig breiter Krempe von schwarzem Filz.

81

Tyrol

Oetzthal-Wippthal-Pusterthal.

Tyrol.

Das Passeyer.

(Tafel 82—83.)

Im südlichen Tyrol ist Bart- und Haartracht der Männer besonders eigenthümlich und paßt vortrefflich zu den kräftigen Gestalten. Die Locken, welche vom kurz geschorenen Wirbel über die Stirn herabfallen, und andererseits wieder das lange Hinterhaupthaar in losem Geringel am Nacken geben dem Kopf fast etwas Träumerisches. Den Bart, als Zierde des Mannes, verschmäht der Tyroler zwar überhaupt nicht, hier ist er aber wenig gepflegt, und wenn auch der eigentliche Vollbart nicht üblich ist, so bleibt doch Kinn und Oberlippe behaart; er gleicht mehr einem unrasirten Barte und unterscheidet sich dadurch wesentlich von dem wohlgepflegten Spitzbärtchen der nördlichen Nachbarn.

Zu dieser Haartracht bedient sich der Passeyrer eines Hutes von schwarzem Filz, dessen Kopf spitz zulaufend, und dessen Krempe nur mäßig breit und etwas nach auswärts gekehrt ist. Die den Hut umgebende schwarzseidene Schnur endigt in gold- und silberverzierten Puscheln, deren Franzen von Seide am Nacken herabhängen. Ueber dem Hemd bekleidet eine Weste von dunkelgrünem oder hochrothem Tuch den Oberkörper; sie ist längs der vorderen Mitte durch zwei Reihen metallener Knöpfe geschlossen und mit Goldschnüren litzenähnlich besetzt; der Rücken der Weste ist stets von demselben Stoff wie der vordere Theil. Der hellgrün damastene Hosenträger am Sonntag, oder für gewöhnlich der braunlederne, welcher in Verzierungen ausgeschnitten ist, hält an Metallhaken die schwarzen bockledernen und an den Nähten weißgesteppten Beinkleider fest; das Knie bleibt von dem Beinkleide unbedeckt, oder wenn dasselbe auch etwas länger ist, so ist es doch immer offen und läßt bei jeder Bewegung das Knie sichtbar werden.

Der Gürtel in der Breite von 14 bis 19 cm, ist von schwarzem Leder und reich verziert mit Stickerei von Federkielen, welche zum Theil gefärbt sind; er ist durch eine große weißmetallene Schnalle am Rückentheil oder an der Seite geschlossen. Unter dem breiten Hemdkragen ist ein buntseidenes Halstuch um den Hals geschlungen und in eine vorn herabhängende Schleife geknüpft.

Die lodene Joppe ist bei den Passeyrern immer dunkelbraun, der obere Theil des Aufschlags von rothem Tuch mit grüner Einfassung. Ausgenommen an den Aermeln, hat die Joppe keine Knöpfe, und die Zusammensetzung (Taille) vom viertheiligen Schooß und dem Obertheil ist so hoch, daß sie beinahe bis unter die Arme reicht. Weißwollene Strümpfe, welche häufig nur die Waden bedecken, und schwarzlederne Bindeschuhe vollenden den Anzug.

Die Frauen pflegen, wenn sie nicht die dunkelblaue, von Baumwolle gestrickte Kappe tragen oder bei der Feldarbeit sich des spitzen gelben Strohhutes bedienen, dessen Kopf nach oben mit schwarzem Seidenzeug umkleidet ist, das Haar in gewöhnlicher Weise zu scheiteln und im Nacken in zusammengewickelten Flechten durch Kamm und silbernen Pfeil zu befestigen. Das sehr kurze „Miederleibel" von rothem bedruckten Merino schließt sich über dem Hemd, von welchem die bauschigen Aermel sichtbar werden, dem Oberkörper an; eine ähnliche Krause von Zwirnkante wie an den Hemdärmeln tritt auch oberhalb des Miederausschnitts hervor, und in ihr verlieren sich die beiden den Hals umkleidenden Tücher von schwarzem Krepp und von bunter Seide. Der schwarze Rock, aus einem Gewebe von Leinen und Schafwolle bestehend, ist in enge Falten geordnet und in einer Länge, daß er eben nur die Füße freiläßt; über ihn wird dann eine weite blaustreifige Schürze von Leinen mit seidenen Bändern gebunden. Die wollenen Strümpfe sind von lebhaft rother Färbung, die Schuhe von schwarzem rauhen Leder, mit seidenen Schleifen.

So findet man die Passeyrerin im Hause; sie vervollständigt für weiteren Gebrauch aber ihre Tracht durch eine Jacke, „Tschopen", von violettem Tuch, welche am Ausschnitt, sowie am Aufschlag der Aermel über dem Ellenbogen mit carmoisinrother Seide besetzt ist und durch bunte Bänder und eine Reihe silberner Knöpfe vorn geschlossen wird. Die Kantenkrause der Hemdärmel tritt dann aus dem Tschopenärmel breit hervor und schließt sich fast unmittelbar an eine Stulpe von grünem oder schwarzem Sammet, welche, häufig noch mit Pelz besetzt, zur Bedeckung des Unterarmes und eines Theiles der Hand dient.

82

Tyrol

Passeyer.

83

Tyrol

Passeyer.

Tyrol.

Meran.

(Tafel 84—85.)

Nach der vorstehenden allgemeinen Uebersicht über die charakteristischen Merkmale der Tyroler Tracht, und anknüpfend an die den Meranern benachbarten Passeyrer, ist nur der dieser Gegend charakteristischen Eigenheiten in der Tracht zu gedenken, welche sich schon Angesichts des Bildes lebhaft aussprechen. Wollen wir auf die äußeren Grundformen der Persönlichkeit des Meraners eingehen, so tritt uns hier der recken-hafte Gebirgssohn doch nicht so entschieden entgegen als im Passeyer. Wie er selbst im Körperbau feiner und mäßiger gestaltet ist, so ist auch in seine Tracht eine größere Zierlichkeit übergegangen.

Da hat die Joppe, hier das „wollene Hemd" genannt, nicht die gar zu kurze Taille, und ihre Aufschläge von hochrothem Tuch stechen munter ab gegen den schwarz- oder braun-lodenen Stoff der Joppe; nach oben breit, nach unten sich verjüngend und eckig ausgeschnitten sind sie ähnlich den Militärrabatten vieler heutiger Cavallerieregimenter.

So ist auch die untere Bekleidung der Beine viel graziöser, und elegant treten die weißen Strümpfe am Sonntag aus den zierlich buntgestickten und mit Schleifen verzierten Schuhen von schwarzem Leder heraus; bei der Arbeit sind auch blaue Strümpfe üblich mit hohen Bindeschuhen.

Die gemsledernen Hosen, die das Knie unbedeckt lassen, sind ebenso beschaffen wie im Passeyer, auch der Ledergürtel mit der breiten Namensaufschrift des Besitzers, oder doch mindestens den beiden Anfangsbuchstaben desselben geschmückt; die Gemse und der Doppeladler dürfen darauf nicht fehlen; zierlich ist beides von Pfauenfederkielen dem dunklen Ledergrunde ein-gefügt. Die Weste, „das Leibel", ist von hochrothem Tibet, auch zuweilen im alltäglichen Gebrauch von blau-roth streifigem Muster oder in braunvioletter Färbung. Der hellgrüne Damasthosenträger über dem Leibel wechselt mit dem ledernen, wie im Passeyer. So hat auch der Hut dieselbe Form wie jener, aber er ist am unteren Ende des Kopfes mit hochrother Schnur dicht umwickelt. Originell ist das schwarze Kreppʜalstuch, welches unter dem weißen

Hemdkragen nach der linken Seite schief geknotet wird und sich nach dieser Seite unter dem Hosenträger verbirgt.

Die Meraner Bäuerin hat ihren Putz auf ein bescheidenes Maß beschränkt, aber sie ist in dieser Einfachheit der Form, die auch elegante Stoffe nicht ausschließt, reizvoller im Aeußeren, wie viele ihrer Stammesgenossinnen, und zwar eben darum, weil ihr Putz ungesucht und natürlich ist. Freilich läßt sich dabei von eigentlicher Tracht wenig sprechen; das schlicht zurückgestrichene Haar mit den zierlich geknoteten Zöpfen und silbernem Pfeil im Nacken ist der ganze Kopfschmuck. Ein einfach glattes „Miederleibel", am Festtag von dunklem Atlas mit silbergestickten Blumen in bunter Füllung, die sauberen Hemdärmel mit der Kantenkrause am Ellenbogen, ein weißes Halstuch, welches aus dem Leibel hervortretend dicht den Hals umgiebt, und schließlich ein buntseidenes Brusttuch sind alle Bekleidungsstücke des Oberkörpers. Der schwarzwollene Rock ist faltenreich und lang, ebenso auch die Schürze von lebhaft farbiger Wolle. Die rothen Strümpfe sind nicht mehr bei der Jugend beliebt, man giebt den schwarzen oder weißen den Vorzug, und so sind auch die Schuhe von einfachster Form.

Daß bei Zusammenstellung dieser Tracht gern zu sogenannten Kaufmannsstoffen, d. h. zu Fabrikaten, die nicht aus der stillen Werkstatt der Bäuerinnen selbst hervorgegangen sind, gegriffen wird, sei noch nebenher erwähnt.

84

Tyrol

Meran.

Tyrol.

Der Weinhüter von Meran.

(Tafel 85.)

Eine Schöpfung der abenteuerlichsten Phantasie ist die Tracht der „Saltner“ oder Traubenhirten, welche in dem ganzen weinreichen Etschlande zur Zeit der Traubenreife, also etwa in den Monaten August und September, auftreten; im October ist die Kastanienernte in ihre Obhut gegeben. Sie sind nach den Ortschaften verschieden gekleidet, am originellsten aber sind die von Meran. Ohne Zweifel sind hier noch Ueberreste mittelalterlicher Bewaffnungsart der Neuzeit überliefert worden, während in der Zusammenstellung des Kopfputzes so in die Vorstufen der Cultur zurückgegriffen ist, daß dieser den Südsee-Insulanern alle Ehre machen würde.

Mit Ausnahme der Joppe und des Hutes ist die ganze Tracht der Meraner Bauern an der des Weinhüters vertreten. Statt der Joppe aber legt er einen Küraß von dickem Rindsleder an, welcher rockähnlich einen aus vier Theilen bestehenden Schooß und wie dieser auch Seitentaschen hat. Dieser Lederrock ist ohne Aermel, der Armausschnitt aber mit einem aufgenähten Achselstück versehen; der Hemdärmel ist also fast die alleinige Bekleidung des Oberarmes, während dagegen der Unterarm vom Handgelenk bis zum Ellenbogen mit einer nach oben sich erweiternden Stulpe von Rindsleder bedeckt ist, welche durch Lederspangen am Rock festgenestelt wird. In ähnlicher Weise wie die Armstulpen sind auch diejenigen, welche das Schienbein umschließen und durch Knöpfe wie Gamaschen zusammengehalten werden. Eine Kette aneinander befestigter Schweinszähne, welche der Wächter als Signalpfeife benutzt, hängt vom Lederrock quer über die Brust herab.

Das Seltsamste an der Tracht ist aber doch der Kopfputz, welcher in seiner Grundform etwa derjenigen entspricht, welche bei den Offizieren der deutschen Armeen einige Jahrzehnte heimisch war. Das Untergestell desselben ist von Filz und mit Eichhornfell überzogen; es bedeckt derartig den Kopf, daß sich die Breitseiten von Stirn und Nacken erheben; diese Hauptform des Hutes ist kaum erkennbar, denn sein Mitteltheil über dem Wirbel ist ein förmlicher Krater, aus welchem eine Ueberfülle von Federn der verschiedensten Art, namentlich Hahnen-, Pfau- und Perlhuhnfedern, nach allen Seiten emporsteht oder herabhängt; auch Blumen sind zum Ausputz verwendet, und von den spitzen Ecken des Hutes hängen Fuchsschwänze über die Schultern seitwärts herab.

Diese Amtstracht sollte nun einmal abschreckend sein, deshalb pflegte der Hüter auch gegen sonstige Landesgewohnheit den Vollbart, und so mit der Hellebarde des sechzehnten Jahrhunderts bewaffnet, die er indeß sehr bald mit einer höchst wirksamen Birkenruthe vertauscht, beginnt er seine kurze Laufbahn, denn sein Amt ist kein dauerndes; jährlich werden andere Mitglieder der Gemeinden zu dem anstrengenden Dienst gewählt, Eindringende von dem Weinberge zu verscheuchen, und es bestätigt seine Wachsamkeit, wenn er oft hier und da hin zu den Winzern eilt, ihnen die Messer zu schleifen.

85

Tyrol

Weinhüter von Meran.

Tyrol.

Das Lechthal.

(Tafel 86.)

In der Männertracht des Lechthals ist nur wenig von den Eigenthümlichkeiten der hochländischen Tracht bemerkbar; gleich der mitteldeutschen Bauerntracht besteht sie aus einer tuchenen Jacke, einer Weste von gleichem Stoff, rundem Filzhut, Lederkniehosen und Bindeschuhen, nur die Wadenstrümpfe erinnern an Tyrol oder des Hirten lodener Wettermantel; der braune Filzhut ist dann auch stets an dem Theil der Krempe, welche über der Stirn steht, in die Höhe geklappt.

Die Frauentracht ist viel origineller und mit Ausnahme der unförmlichen Kopfbedeckung auch sehr kleidsam. Da ist am Festtagsanzug fast Alles von Seide, Atlas und Sammet mit zierlichen Metallstickereien, und wenn auch nur die beiden Tücher, welche Hals und Oberkörper bekleiden und etwa die Schürze in lebhaft bunten Farben sind, so wirken die übrigen Stücke der Tracht, welche meist dunkelfarbig, wenn nicht ganz schwarz sind, durch die Gediegenheit der Stoffe. Der Hut, in gleicher Weise auch im Oberinnthal gebräuchlich, ist von schwarzem Seidenfilz, mit breiter, nach den Seiten in die Höhe gebogener Krempe, der obere Theil des Kopfes bildet einen großen Teller, während den unteren ein breites schwarzseidenes Band umgiebt, welches an der Seite in eine Schleife geknüpft ist. Der schönere Kopfschmuck der Frauen ist immer das wellig gescheitelte Haar mit den lang herabhängenden Zöpfen, an welche die schwarzen Zopfbänder, vom Rückentheil des Mieders ausgehend, befestigt sind. Ueber dem buntfarbigen seidenen Brusttuch bekleidet ein Mieder von schwarzem Sammet den Oberkörper, an dem ausgebogenen Rückentheil ist eine reiche Stickerei von Gold- und Silberfäden, am vorderen Theile aber zu jeder Seite eine Reihe silberner Haken angebracht, durch welche ein schwarzseidenes Band zum Zusammenschnüren des Mieders gezogen ist; der darunter gesteckte Latz von schwarzem Sammet mit Metallstickerei ist durch schwarzseidene Schleifen an die Achselbänder des Mieders befestigt. Die Schürze von buntgemusterter Seide oder von Atlas ist weit und faltenreich, sie erreicht den Saum des langen Rockes und ist mit einem schmalen Bündchen versehen, über welches am Anschluß an das Mieder ein metallgestickter Gürtel von schwarzem Sammet angelegt wird. Der Rock ist von dunkler Seide.

Während als Haustracht der bauschige Hemdärmel mit der abstehend gekräuselten Kante paradirt, gehört zur vollständigen Kirchentracht eine Jacke mit weitfaltigen Aermeln von schwerer Seide oder Atlas, welche darüber angezogen wird; kaum kann man dieses Kleidungsstück mehr als ein Paar sehr weite Aermel nennen, denn der übrige Theil, welcher den Rücken deckt und von welchem die obere Hälfte aus einem schwarzen Sammetbesatz besteht, mißt noch nicht ganz 15 cm, fast dicht unter dem Ansatz der Aermel ist schon der untere Abschluß der Jacke, welcher, über das Mieder gehend, die Metallstickerei desselben am Rücken unverkürzt zur Anschauung kommen läßt. Hierzu gehört dann ein kleines buntseidenes Halstuch; die silberne Halskette fast verdeckend, ist dasselbe vorn durch eine Brosche geschlossen und die Zipfel, seitwärts gezogen, hängen von den Schleifen des Latzes herab. Die Strümpfe sind weiß, die weit ausgeschnittenen Schuhe von schwarzem Glanzleder.

86

Tyrol

Lechthal.

Tyrol.

Bregenzer Wald.

(Tafel 87—88.)

Der durch den Arlberg getrennte Theil von Tyrol ist besonders reich an Eigenthümlichkeiten in der Frauentracht. Diese giebt in ihrer Gediegenheit, in der dem Auge wohlthuenden Zusammenstellung ernster Farben, so wie in der kleidsamen Form, gehoben durch passende Stickereien, ein charakteristisches Bild der dortigen Thalbewohnerinnen. Besonders gilt dies von den „Wälderinnen", den Bewohnerinnen des Bregenzer Waldes.

Am schlichten Wochentage, wenn sie am Stickstock um geringen Erwerb bei mühevoller Arbeit sitzen da zeigen sie sich schon in der vollen Tracht; in der Kirche, oder wohl gar bei kirchlichen Festen und Hochzeiten, gewinnt indeß die Tracht durch manche, für solche Feierlichkeiten nur allein bestimmte Kleidungsstücke oder Schmuckgegenstände ein erhöhtes Aussehen; in den einzelnen Theilen wird sie nur deutlich, wenn man ihre Anlegung kennt, und wir müssen uns darum in Gedanken ins Frauengemach versetzen. Viele Theile der Tracht werden nicht gesehen und dienen immer nur zur Befestigung der sichtbaren Theile. So bedürfen Aermel, Koller und Latz eines solchen Anhaltes in Form von Jacke, Untertuch oder schildförmigem Tuchlatz.

Die nächste Bekleidung besteht in einem Unterrock von Wolle in grüner, blauer oder hellbrauner Farbe, welcher am unteren Rande mit aufrechtstehenden hochrothen Zacken besetzt ist. Dieses Kleidungsstück, obwohl mit dem eigentlichen Rock bedeckt, kommt doch zu häufig zur Geltung, als daß wir es übergehen dürften; im Sitzen, wie beim Laufen, immer kommt der Unterrock zum Vorschein.

Ueber den Oberkörper zieht die Wälderin eine Jacke von leichtem Zeuge, welche, im Brust- und Rückentheil gewöhnlich von Kattun, nur dazu dient, die schwerseidenen Damastärmel festzuhalten. Diese in brauner, blauer oder schwarzer Farbe, in mäßiger Weite am Oberarm und sich nach unten verengend, reichen bis zum Handgelenk, wo sie durch eine gleichfarbige Borte mit schwarzen Sammetblumen abgeschlossen sind.

Den Hals umschließt ein Koller von schwarzem Sammet, welcher auf ein viereckiges Untertuch von Kattun genäht ist, und darauf befestigt man den reich in Gold und farbiger Seide oder mit Perlen gestickten Latz, „das Vortuch". Die Anfangsbuchstaben des Namens der Besitzerin oder einer dem Herzen nahen Person sind häufig in der Stickerei angebracht.

Der viereckige Ausschnitt des ärmellosen Rockes, „Juppe", welcher Koller und Vortuch einrahmt, ist mit einer farbig seidenen und mit Sammetblumen verzierten Borte eingefaßt, welche außerdem noch durch zierliche Nadelarbeit in feinen Goldfäden gehoben ist. In bunter und Goldstickerei treten ebenfalls die Nähte des schwarztuchenen Schultertheils vom Rock hervor, von da ab aber ist derselbe von glänzend geleimter schwarzer Leinwand und fällt von der Brust in sorgsam gelegten engen Falten, die sich erst nach unten etwas erweitern, bis zu den Füßen herab. Außer einem schmalen hellblauen Seidenband, welches über Kniehöhe den Rock in der Rundung umgiebt, ist kein weiterer Besatz an demselben. Da die Juppe nicht aus Taille und Rock besteht, sondern in fortlaufenden Längenfalten von der Höhe der Brust nach den Füßen zu geordnet ist, so erfüllt der Gürtel so recht eigentlich seine Bestimmung, den lose herabhängenden, nur wenig über den Hüften ausgenähten Rock zusammenzuhalten. Den Gürtel von schwarzem Lackleder schmücken zierliche Schnallen und Rosetten von Silber, deren Größe und Zahl nach den Vermögensverhältnissen sich ausdehnt. Die Strümpfe sind weiß und die Schuhe von schwarzem Leder, im Ausschnitt mit auf der Spanne hinaufgehender Spitze.

Im Häuslichen tragen die Mädchen wohl auch eine kleine Schürze von seidenem oder halbseidenem Stoff, oder von blauer Leinwand, selten aber sieht man sie ohne die langen Aermel und statt deren mit Hemdärmeln; ebenso wird bei Ausgängen immer von der spitzen blauschwarzen Wollenkappe Gebrauch gemacht, wie sie durch ganz Tyrol gebräuchlich ist, die sich aber im Bregenzer Walde durch eine dem Auge wohlgefälligere Kleinheit und Zierlichkeit der Form auszeichnet. Viel lieber sehen wir indeß die Mädchen mit den um den Kopf kranzähnlich umgelegten Flechten, welche durch schwarze Sammetbänder befestigt sind.

Die älteren Frauen kleidet die spitze schwarze Kappe schon besser, namentlich wenn sie, wie es in einigen Ortschaften des Vorderwaldes Sitte ist, gemüthlich ihr Pfeifchen rauchen. Außerdem tragen die Frauen aber besonders als Alltagstracht die runde Pelzmütze mit grünem Sammetboden, deren Besatz von Seehund, Schaf- oder Katzenfell, in allen Fällen schwarz ist.

Auch eines kleinen schwarzseidenen Halstuches, welches über dem Koller eng den Hals umschließt, bedienen sich die Frauen besonders.

Für die Kirche ist der „Schalk", eine Jacke von demselben schwarzen Stoff wie der Rock, das vorschriftsmäßige ceremonielle Kleidungsstück. Derselbe ist bei mäßig weiten Aermeln in Brust und Rückentheil so kurz, daß er eben nur den Theil des Rockes bedeckt, welcher als Schulterstück von schwarzem Tuch gefertigt ist; die Rückennaht des Schalks mißt noch nicht

6 Zoll. Mit hellblauem Seidenband ist derselbe an allen Nähten wie am Rande eingefaßt und auch vorn mit kleinen Verzierungen bestickt.

Die jungfräuliche Tracht bei der Firmelung, bei Prozessionen oder auch zur Begleitung der Braut besteht in einer Festkrone, „Schappale". Auf einem kreisförmigen Untersatz von Pappe, etwa $4^1/_2$ Zoll im Durchmesser, mit schwarzem Sammet bezogen und auf der einen Hälfte in Gold mit den Namenszeichen gestickt, welche beim Aufsetzen dem Nacken zugekehrt werden, erhebt sich auf einem Gestell von Draht und Rohr in einer Breite von über 8 Zoll der Obertheil der Krone, von Goldstoff, farbigen Perlen, Zitterblumen und herabhängenden Flittern, so glänzend und flimmernd, daß es dem Beschauer schwer wird, sich über seine eigentliche Form zu unterrichten. Durch schwarze Moirébänder ist dieser im Ganzen $4^1/_2$ Zoll hohe Aufsatz an den Zöpfen im Nacken befestigt.

Es ist unstreitig die anmuthigste Tracht der Wälderin, wenn sie mit dem Schappale geschmückt, mit dem Schalk angethan und in der Hand den Rosenkranz, an welchem ein silbernes Kreuz hängt, einherschreitet.

Nicht in allen Theilen des Bregenzer Waldes ist die Brauttracht noch so originell wie früher. In Bizau hatte ich Gelegenheit, die nur diesem Dorfe noch eigenthümliche Tracht der Braut zu Gesicht zu bekommen und deren Anlegung kennen zu lernen.

Die Kopfbedeckung der Braut besteht hier aus einem an zwei Seiten offenen Sack von weißer Leinwand, welcher über den Kopf gezogen, sich um diesen glatt anlegt und während der eine offene Theil sich um den Hals drapirt, aus der anderen Oeffnung das Gesicht herausschaut; ein zweites länglich geformtes Leinentuch wird über diese erste Verhüllung so in Falten geordnet, daß die Augen fast ganz davon bedeckt sind; der übrige Theil des Tuches hängt dann am Rücken herab. Auf dem Scheitel dieser schleierähnlichen Verhüllung befestigt man endlich den aus kleinen Goldrosetten gefertigten Brautkranz von circa $2^1/_2$ Zoll Durchmesser.

Der kurze Brautmantel ist von schwarzer dicker Wolle mit rothem Saum und feiner blauer Steppnaht; durch Häkchen wird er über der Brust geschlossen und durch zwei am Futter angebrachte Zugschnuren in Falten gehalten. Uebrigens ist diese Brauttracht, die nur in der Kirche getragen und beim Festmahle im Wirthshause abgenommen wird, außerdem, mit Weglassung des goldenen Kränzchens, auch bei Leichenbegängnissen üblich, und wird der Mantel in diesem Falle statt über der Brust auf einer Achsel geschlossen.

Einen eben solchen Kranz wie die Braut trägt auch der Bräutigam auf der Höhe des Hutkopfes, doch nur beim Kirchgange; nach dieser Feier befestigt er ihn an der rechten Seite des Rockes. Sonst ist er nur mit der immer üblichen Sonntagstracht angethan, welche eben auch nur in dem längeren dunkelfarbigen Kirchenrock besteht. Der Rock des Alltages ist gewöhnlich von dunkelblauem, braunem oder schwarzem Tuch oder von schwarzem Sammet und eigentlich nur eine Jacke zu nennen, welche nach hinten in Schooßtheilen herabfällt. Die Rockknöpfe sind meistentheils besponnen, zuweilen auch von gelbem Metall; die Kronenthaler, welche früher als Knöpfe dienten, sind selten geworden. Die Weste mit den zwei Reihen weißer oder schwarzer Knöpfe ist von schwarzem Tuch oder Sammet. Die engen Kniehosen von schwarzem Tuch oder Leder, oft geschmückt mit Berloque und silberner Uhrkette, die Strümpfe von dunkelblauer Wolle und die ausgeschnittenen Bindeschuhe, und endlich das schwarze Halstuch unter dem weißen herabgeschlagenen Hemdkragen vollenden den Anzug.

Die Kopfbedeckung besteht fast durchweg in einem runden schwarzen Filzhut mit mäßig breiter Krempe; im Hause aber trägt man die schwarzseidene lange Zipfelkappe, wie auch auf den Bergen den Spitzhut und den Strohhut, mit Alpenblumen geschmückt.

Ebenso ist das Besteckmesser in rechter Hosentasche immer bei der Wäldertracht zu finden, wie auch der Zwerchsack.

87

Vorarlberg

Bregenzerwald.

88

Vorarlberg

Bregenzerwald.

Tyrol. Vorarlberg.

Klosterthal. — Walserthal.

(Tafel 89).

In beiden Thälern ist in den Hauptbekleidungsstücken die Frauentracht der des Montafonthales sehr ähnlich. Die schwarze Tschöpe, die schwarzen Schafwollenröcke mit blauem oder grünem Besatz am Rande, die breite blaue Leinenschürze und die demselben Farbenwechsel unterworfenen Lätze am Mieder erinnern lebhaft daran. Doch trägt man auch rothe Röcke von Schafwolle und bei den schwarzen ist das Futter immer von hochrothem Wollenstoff. Die unwegsame Gegend, die viele Nässe, welche von den Bergen kommt, mag es veranlassen, daß der Rock oft beim Gehen gerafft wird, und das rothe Futter, welches dadurch zum Vorschein kommt, macht dann eine stattliche Wirkung. Ganz besonders kennzeichnen sich aber die Klosterthalerinnen durch die breite Tellermütze von schwarzem Sammet mit schwarzseidenen Schleifen auf dem Deckel wie auf der einen Seite des grauen Krimmerbesatzes. Diese Gattung von Pelzmützen ist im Klosterthal am allgemeinsten und der Krimmerbesatz auch bei Männermützen üblich. Außerdem tragen noch die älteren Frauen die schwarze wollene Kappe, von deren Spitzen hier mehrere schwarze Bänder herabhängen, und im Walserthal auch die Otterpelzkappe, in der Form aber nicht so gleichmäßig rund gestaltet, wie im Montafonthal, sondern in der einen Hälfte des Pelzbesatzes höher wie auf der andern.

Das schwarze Halstuch ist größer als wir es in den Nachbarthälern sahen und wird am Nacken geknüpft. Zur Fußbekleidung bedienen sie sich weißer Strümpfe und hoher Bindeschuhe.

89

Vorarlberg

Klosterthal.

Tyrol. Vorarlberg.

Montafonthal.

(Tafel 90.)

Die Frauen des Montafonthales sehen in ihrem Putz nicht weniger originell aus wie ihre Nachbarinnen „im Walde". Sie sind schon an der höchst eigenthümlichen Kopfbedeckung kenntlich, welche, cylinderförmig emporsteigend, nach der Höhe in einen breiten Teller ausläuft. Dieser Hut, „Kappe" genannt, ist gewöhnlich von kurzgeschorenem schwarzen Filz, als Festtracht aber von langhaarigem Seidenfilz, welcher am Rande des Hutdeckels strahlenförmig nach der Höhe zu gestrichen wird. Daß die Frauen hier keine große Sorgfalt auf die Anordnung ihres Haares, von welchem nur ein geringer Theil des Scheitels sichtbar ist, zu wenden haben, läßt sich aus dem unteren Umfange der Kappe, die noch dazu tief in den Nacken gedrückt ist, ermessen. Der Rock, welcher in breiten Falten bis zu den Füßen herabfällt, ist immer von schwarzgefärbtem Schafwollengewebe und an seinem unteren Rande mit grünem oder blauwollenem Bande eingefaßt; das sich über den Rock anschließende Mieder von schwarzem oder farbigem Tuch mit schwarzer Borde eingefaßt, ist durch rothe wollene Bänder, welche durch metallene Oesen gezogen sind, zusammengeschnürt, und hält dadurch zugleich den darunter befindlichen Latz, welcher auf ein Untermieder von carmoisinrother Wolle gesteckt ist, fest. Dieser Latz in Schildform ist in seinem oberen Theile in ausgeschnittenen Winkeln immer mit schwarzem Sammet besetzt und durch eine goldene Borte verziert; der übrige Theil desselben ist mit buntblumigem Wollen- oder Seidenstoff bezogen; die grüne Farbe in Damast mit einem rothen Längenstreifen ist besonders beliebt. Den Hals deckt das Koller von bunter Seide oder von Kattun; der sehr breit gesteppte Rand desselben von schwarzer Seide kommt mehr als die eigentliche Grundfarbe zur Geltung, und die Bänder, welche unter den Armen durchgehend das Koller befestigen, sind von farbiger Seide oder Sammet. Perlenschnüre verschiedener Gattung dienen als Halsband und oft ist darüber noch ein Halstuch von schwarzer Seide geknüpft.

Die langen faltigen Hemdärmel, welche aus dem Mieder hervortreten, sind wie immer nur als Haustracht sichtbar, außerhalb des Hauses wird die „Tschöpe", eine schwarze oder braune Tuchjacke darüber gezogen, deren Aermelaufschläge (eigentlich das umgeschlagene Futter derselben) immer von anderer und hellerer Farbe sind. Am Außenrand ist die Tschöpe stets mit schwarzer Seide besetzt, und das aufrechtstehende, durch einzelne Falten gebildete Schößchen am Rücken, „Glöckli", ist entweder grün oder roth gefüttert.

Die scharlachrothen Strümpfe und Lackschuhe mit silbernen Schnallen sind für die Tracht besonders wirkungsvoll. Außerdem ist die breitfaltige Schürze von dunkelblauem Leinen zu erwähnen, welche vorn durch herabhängende, schwarz gemusterte Sammetbänder geziert ist. Die Pelzmütze mit dem Otterfellbesatz ist hier hauptsächlich Frauentracht und hat wie im Bregenzer Walde einen grünen Sammetdeckel mit einer sich kreuzenden grünseidenen Borte.

Die Männertracht, bestehend aus kurzer Hose, dunkelen Strümpfen und Bindeschuhen, aus der gewöhnlichen Bauernweste von Tuch, ferner Jacke und rundem Filzhut, entspricht in Form, Farbe und Stoff ganz derjenigen, wie wir sie im Bregenzer Walde kennen lernten, und ist überhaupt in ganz Voralberg ohne wesentliche Veränderung.

90

Vorarlberg

Montafonthal.